Édition : BoD · Books on Demand, 31 avenue Saint-Rémy, 57600 Forbach, bod@bod.fr
Impression : Libri Plureos GmbH, Friedensallee 273, 22763 Hamburg (Allemagne)

ISBN : 978-2-8106-1355-7
Dépôt légal : février 2025

Table des matières

AVERTISSEMENT

Ces Notes à l'intention des Pilotes ont bien évidement été traduites uniquement pour leur intérêt historique et ne doivent en aucun cas être employées pour le vol sur de vrais avions (pour les rares lecteurs qui ont la chance de posséder un Halifax, un Hamilcar ou autres Spitfire dans leur jardin !). Ces manuels étaient constamment tenus à jour et il a fallu choisir de traduire une version particulière qui n'est quasiment jamais la publication la plus récente. La version traduite est donc une sorte de "photographie" dans le temps. Souvent, le choix de la version a été imposé par le peu de documentation ayant survécu ou par l'histoire particulière d'un avion.

Par contre, l'usage de ces manuels avec des simulateurs de vol peut permettre de vérifier le réalisme des logiciels et apporter une nouvelle dimension à cette activité, par exemple en suivant strictement les procédures recommandées.

INTRODUCTION

Les lecteurs intéressés trouveront les conventions de traduction ainsi que l'histoire des manuels à l'intention des Pilotes dans **l'ouvrage de cette série consacré au Tiger Moth** [1] : la plupart des pilotes formés pendant la guerre ayant débuté sur cet avion, il a paru logique qu'il serve de base pour cette série de manuels.

Abréviations principales

AP : Air Publication (Publication *[du Ministère]* de l'Air britannique).
PN : Pilot's Notes (Notes à l'intention des Pilotes).   RAF : Royal Air Force.
TNA : The National Archives (UK). Archives Nationales britanniques.

Compléments sur le Hawker Hurricane

En février 1935, Hawker reçoit une commande pour un prototype de chasseur monoplan rapide sur la spécification F.36/34 du Ministère de l'Air britannique. En septembre, cette spécification est révisée pour exiger huit mitrailleuses. Le prototype, équipé du sixième moteur Rolls Royce Merlin, un Merlin C, fait son premier vol le 6 novembre 1935, sans armement. Cet avion conserve une construction classique du fuselage entoilé sur une structure tubulaire qui le rend facile à réparer. Une aile métallique est prévue mais, pour accélérer la fabrication, des ailes entoilées sont adoptées pour la production initiale : ceci limite la vitesse en piqué des 480 premiers appareils.

Le moteur Merlin I est prévu, mais en raison de sa piètre fiabilité, il est décidé d'affecter ce moteur au bombardier Fairey Battle. Les Hurricane doivent attendre le moteur Merlin II, et leur livraison est donc retardée. Le premier Hurricane de série, L1547, est prêt à voler le 13 octobre 1937 et est livré en Escadrille en novembre. Les premiers avions de série ont une hélice bipale en bois, à pas fixe. Une hélice De Havilland tripale avec deux calages possibles du pas d'hélice est montée de série en 1939, avant qu'une régulation automatique du pas d'hélice ne soit installée en urgence durant l'été 1940.

Le Hurricane est robuste, facile à entretenir et à réarmer (3 minutes contre 8 pour le Spitfire). Son plus gros défaut avant 1941 est le fait que le réservoir d'essence du fuselage devant le pilote n'a pas de revêtement auto-obturant : de nombreux pilotes ont très sévèrement brûlés lors des combats de 1940.

La RAF a perdu près de 400 Hurricane en France en mai-juin 1940. Les historiens débattent encore pour savoir lequel du Hurricane ou du Spitfire a le plus contribué à la victoire de la bataille d'Angleterre (voir bibliographie). Pour plus de détails sur

---

[1]   *"Notes pour les Pilotes de Tiger Moth T. Mk. 2"*, ISBN : 978-2322561292.

l'emploi du Hurricane comme chasseur-bombardier, notamment au sein de la Desert Air Force, on se reportera au titre de cette série consacré au P-40 Tomahawk.

Des avions, des hommes, mais aussi des consommables

La théorie : Les planificateurs de la RAF prévoyaient que l'approvisionnement mensuel d'un Escadron de Hurricane (16 appareils) au niveau d'effort "soutenu" de 320 sorties de guerre par mois, avec 384 heures de vol hors opérations, exigeait de disposer de : 183.589 litres d'essence et 6.058 litres de lubrifiant, 59.136 munitions de 7,7 mm et 210 fusées de signalisation, 180.000 litres d'oxygène (soit 240 cylindres), sans compter les réserves. [2]

La pratique : Dans les faits, la consommation de carburant était bien inférieure aux prévisions, même en situation de combat intense, par contre les dépenses de munitions étaient bien supérieures. Le graphe ci-dessous montre l'exemple du 56ème Escadron de mai à octobre 1940 : cette unité a combattu presque sans pause jusqu'au premier septembre à partir de North Weald, Essex, date à laquelle elle a été mise au repos dans une zone moins exposée à Boscombe Down, Wiltshire. [3]

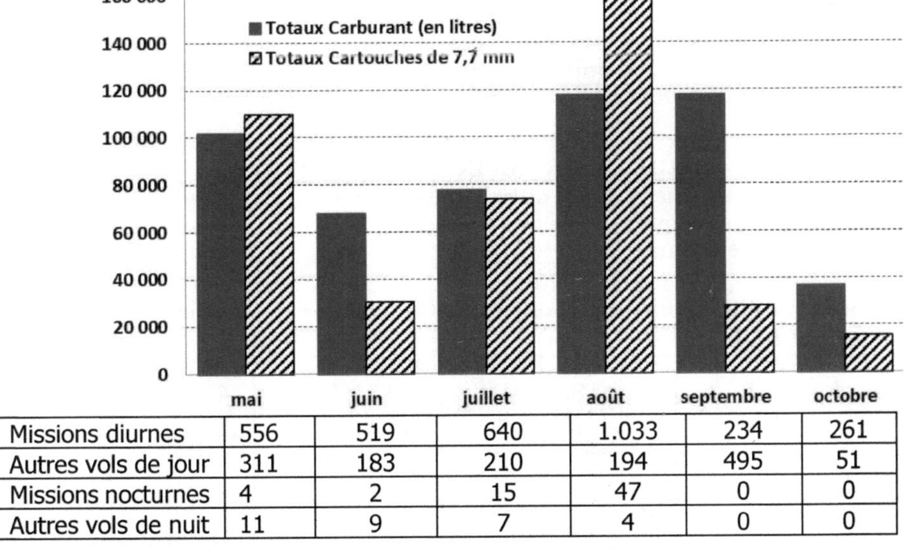

	mai	juin	juillet	août	septembre	octobre
Missions diurnes	556	519	640	1.033	234	261
Autres vols de jour	311	183	210	194	495	51
Missions nocturnes	4	2	15	47	0	0
Autres vols de nuit	11	9	7	4	0	0

Sur cette période, douze pilotes de cet Escadron ont été tués.

---

[2]　Tableaux 1 à C1 de 1941 du Secret Document n° 98 *"Data for calculating consumption and wastage in War"*, conservé sous la référence AIR 10/3915, TNA.

[3]　Graphe de l'Auteur à partir des données des formulaires 765A conservés sous les références AIR 27/534/2, 3, 4, 5, 5, 6 et 7, TNA. Le graphe et le tableau n'incluent pas la soixantaine de vols effectués du 16 au 19 mai par l'Escadrille B détachée en France, ni les munitions perdues dans les avions abattus (plus de 50.000 cartouches en août correspondant à la perte de 22 avions).

NOTES POUR LES PILOTES DE
HURRICANE I ET SEA HURRICANE I

MOTEUR MERLIN II ou III

NOTES AUX UTILISATEURS OFFICIELS

Les ordres du Ministère de l'Air et les livrets Vol. II tels que publiés de temps à autre peuvent avoir un impact sur le contenu de la présente publication. Il doit être compris que les révisions ne sont pas toujours publiées pour aligner la présente publication avec les ordres ou livrets et il est de la responsabilité des détenteurs de ce livre d'assurer la cohérence nécessaire.

Lorsqu'un ordre ou un livret contredit une portion de la présente publication, une révision sera généralement publiée, mais dans le cas contraire, l'ordre ou le livret fera autorité.

Lorsqu'une révision prend effet, le numéro de la révision concernée sera indiqué en haut de chaque page affectée, et les révisions techniques d'importance seront indiquées par une ligne verticale sur le côté gauche du texte modifié ou ajouté. [4] Les lignes verticales concernant des révisions postérieures ne seront pas reportées. Si une division de ce livret (par exemple un chapitre) est entièrement révisée, ceci sera indiqué dans la page de titre de la division et la ligne verticale ne sera pas employée.

FEUILLE DE RELEVÉ DES RÉVISIONS

L'incorporation d'une révision dans cette publication doit être confirmée par l'insertion du numéro de révision, vos initiales dans la colonne adéquate et la date de mise à jour.

Les détenteurs des Notes à l'intention des Pilotes recevront seulement les listes de modifications applicables aux Généralités, à l'Introduction et aux sections 1 et 2.

Révision N° : [5]	1, 2	10	11	12, 18, 21(A) 23	26 (B)	28	29 (C)	34, 36	37 (G)	42(H) 43, 44, 47(K)	48 (L)	51(M) 59(N) 61(P)
Intro.		✓			✓				✓			
Section 1			✓		✓		✓		✓		✓	
Section 2	✓			✓		✓		✓	✓	✓		✓
Date de mise à jour :	Décembre 1941								Incorporées mai 1944			

---

[4]   Ces marques de révision dans la marge n'ont pas été reproduites pour alléger le texte.

[5]   Ce tableau, qui occupe quatre pages dans le document original, a été simplifié ici.

PREMIERS AVIONS

AVIONS RÉCENTS

L'AVION HURRICANE I

A.P.1564A	VOL.I		FRONTISPICE

LISTE DES SECTIONS

(Une table des matières détaillée
apparaît au début de chaque section)

Introduction [7]

Addendum pour le Sea Hurricane IA et IB

Section 1 : Commandes et équipements dans le poste de pilotage.

Section 2 : Notes de manœuvre et de pilotage pour le Pilote.

---

[6] A.L.: "Amendment List": Liste de révision(s). Ces listes de révision n'avaient initialement que des numéros, puis celles des Notes à l'intention des Pilotes ont également reçu une lettre pour les distinguer des révisions des manuels de maintenance (Volume I).

[7] La mise à jour de l'introduction des Notes à l'intention des Pilotes semble s'être arrêtée à la révision 37 alors que celle du manuel de maintenance (A.P. 1564A, Volume I), théoriquement identique, va jusqu'à la révision 52. Cette introduction n'était normalement plus incorporée dans les Notes à l'intention des Pilotes après 1942. Il a paru intéressant de la traduire ici. On notera aussi que le nombre de sections et la couverture de ces manuels ont été modifiés à la même date (de la couleur orange à bleue pour les couvertures), mais que ce manuel du Hurricane I est resté inchangé puisqu'il a seulement été révisé par petites touches sans jamais être refondu en totalité pour suivre le nouveau format.

INTRODUCTION

1. Le Hurricane I est un avion monoplace opérant de bases à terre, monoplan à ailes basses en porte-à-faux, avec train d'atterrissage rétractable et un poste de pilotage fermé. Il est motorisé par un Merlin II ou III, qui entraîne une hélice à vitesse constante Rotol ou de Havilland. Les principales dimensions de l'avion sont : envergure 40 pieds *(12,2 m)*, longueur 31 pieds 6 pouces *(9,6 m)* environ.

2. Le poste de pilotage est chauffé indirectement par le circuit du radiateur et est totalement fermé sous une verrière transparente qui coulisse vers l'arrière pour entrer et sortir. Le siège du Pilote est réglable en hauteur, et sur certains avions, l'occupant est protégé par un blindage contre les attaques de l'avant et l'arrière. Un panneau de sortie en cas d'urgence est prévu dans le côté droit de la paroi du poste de pilotage et une fenêtre de "vision directe" est incorporée au coin inférieur avant gauche de la verrière pour offrir une vue dégagée lors de l'atterrissage au cas où le pare-brise serait recouvert de givre. Les commandes de vol sont conventionnelles, avec un manche à balai et un palonnier réglable horizontalement en fonction de la longueur des jambes du Pilote. Le poste de pilotage dispose des instruments normaux ainsi que ceux nécessaires pour le vol sans visibilité.

3. La structure du fuselage se compose de quatre longerons tubulaires en acier, de panneaux latéraux en acier et de tubes duralumin, de renforts des plans et des cloisons en tubes ou en câbles sertis, les membres tubulaires étant roulés en section rectangulaire au voisinage des joints. Le moteur et le fuselage avant sont recouverts de panneaux en duralumin, les côtés avec du contreplaqué entoilé et le fuselage arrière est entoilé sur des couples en bois et des câbles de renfort.

4. Les ailes principales en porte-à-faux, de construction métallique, sont composées de trois sections en tout : les plans extérieurs gauche et droit et la partie centrale, cette dernière faisant partie intégrante du fuselage. La partie centrale a un revêtement en métal, les deux longerons et les quatre nervures structurelles étant entretoisés pour former une structure rigide. Les plans extérieurs peuvent être soit entoilés, soit à revêtement métallique travaillant ; [8] les deux types sont interchangeables. Les ailerons entoilés sont équilibrés statiquement et ont une action différentielle. Les volets hypersustentateurs d'intrados

---

[8] Dans un revêtement travaillant, l'enveloppe métallique externe contribue à la robustesse de l'ensemble, permettant d'alléger la structure interne. Le Supermarine Spitfire ou l'Armstrong Whitworth Whitley utilisaient ce type de revêtement sur toute leur surface, fuselage inclus.

en bord de fuite sont actionnés hydrauliquement et s'étendent du carénage du radiateur aux extrémités intérieures des ailerons.

5. Les composants de l'empennage en porte-à-faux sont de construction métallique, avec un revêtement entoilé. Les plans fixes horizontaux sont fixés sur l'extrémité supérieure du fuselage arrière, l'équilibrage longitudinal étant obtenu par des surfaces de compensation sur chaque gouverne de profondeur avec corne débordante. [9] La gouverne de direction a une petite corne débordante, qui abrite la masse d'équilibrage, et est équipée d'une surface de compensation actionnée automatiquement de la charnière de la gouverne de direction pour réduire les efforts. La dérive est décalée pour contrer le couple du moteur et de l'hélice. Certains avions ont des surfaces de compensation des gouvernes de profondeur et de direction plus grandes.

6. Le train d'atterrissage a deux jambes avec un amortisseur oléopneumatique qui se rétractent vers le fuselage et vers l'arrière dans un logement entre les longerons de la section centrale de l'aile. Les jambes sont opérées hydrauliquement et équipées d'un verrouillage mécanique et de contacts électriques de fin de course pour les indicateurs de position. Un klaxon [10] se fait entendre lorsque le train d'atterrissage n'est pas verrouillé et que la manette des gaz est ouverte de moins d'un tiers. Chaque jambe avec amortisseur porte un court axe sur lequel est montée une roue gonflée à moyenne pression avec un frein activé pneumatiquement par un levier sur le manche à balai. L'action différentielle des freins est possible et fonctionne avec le palonnier. Lorsque l'avion est au sol, l'arrière est supporté par une jambe avec amortisseur à ressort, non rétractable, qui se termine par une roulette pivotant sur 360° se centrant d'elle-même avec un pneumatique dissipant l'électricité statique.

7. Les réservoirs de carburant principaux sont logés dans la partie centrale des ailes entre les longerons, un réservoir étant placé de chaque côté du fuselage ; et un réservoir de réserve est logé au-dessus des longerons entre la cloison pare-feu et le tableau de bord. Sur certains avions, ces réservoirs sont protégés par des revêtements auto-obturants. Le réservoir d'huile forme le bord d'attaque de la partie centrale de l'aile gauche. Deux réservoirs de carburant pour les vols à longue distance peuvent être montés sur certains avions, un sous chaque plan extérieur des ailes. Un radiateur combiné pour l'huile et le liquide de refroidissement est présent sous le fuselage derrière les

---

[9] "Corne débordante" : partie de la gouverne qui est placée en avant de l'axe de rotation de la gouverne. Lorsque la gouverne est déplacée de la position neutre, la corne débordante reçoit le flux d'air de l'autre côté de l'axe par rapport au reste de la gouverne et aide à diminuer l'effort du pilote.

[10] Suite à de nombreux accidents causés par l'oubli du pilote de descendre le train d'atterrissage avant de se poser, les constructeurs ont équipé leurs avions d'un klaxon avertisseur se déclenchant lorsque le train est en position haute et que la manette des gaz est positionnée à une puissance réduite.

logements des atterrisseurs. Ce radiateur dispose d'un carénage conçu pour les faibles vitesses avec un volet actionné manuellement depuis le poste de pilotage.

8. Huit mitrailleuses Browning, avec les munitions nécessaires, sont logées, quatre de chaque côté, dans les ailes pour tirer à l'extérieur du cercle de l'hélice et sont déclenchées pneumatiquement depuis un seul bouton sur la poignée à deux mains du manche à balai.

9. Un poste radio émetteur-récepteur avec commande à distance est situé derrière le siège du Pilote. En arrière de ce poste radio, sur le côté gauche, une fusée sous parachute est rangée dans son tube de lancement. L'avion est doté d'un circuit d'oxygène et d'un dispositif de dégivrage du pare-brise. Une cinémitrailleuse, commandée du manche à balai, peut être installée sur ou dans le bord d'attaque de l'aile droite externe. L'installation électrique permet le fonctionnement des lampes de navigation, d'identification, d'atterrissage, de vol en formation (si installé) et du poste de pilotage, de la jauge à essence, du démarreur du moteur, du réchauffage de la sonde Pitot, du poste radio, du collimateur à réflexion [11] et de la cinémitrailleuse. Un mécanisme de largage de la verrière coulissante et un système pyrotechnique de signalisation vers le haut sont intégrés dans le fuselage.

---

[11] Viseur avec une plaque de verre inclinée devant le pilote sur laquelle l'image collimatée à l'infini d'un cercle avec réticule est projetée (l'ancêtre de l'affichage tête haute). Le pilote peut ajuster la taille du cercle s'il connait l'envergure de l'avion poursuivi, ce qui lui permet d'évaluer grossièrement la distance qui le sépare de sa cible. Avant 1941, date d'introduction des premiers viseurs gyroscopiques en escadrilles, le calcul de la déflexion est entièrement fait par le pilote.

ADDENDUM I - SEA HURRICANE IA et IB [12]

Généralités

1. Les différences du Sea Hurricane avec le Hurricane classique sont indiquées dans le tableau ci-dessous :

Pattes de fixation sur la catapulte et fuselage renforcé	Tous les Mk.IA et IB
Points de fixation pour l'élingage	Tous les Mk.IA et IB
Points de fixation pour les cordages de saisie	Tous les Mk.IA et IB
Appui-tête réglable	Tous les Mk.IA et IB
Disposition pour l'installation d'un réchauffeur dans le réservoir d'huile	Tous les Mk.IA et IB
Installation du poste radio T.R.1304 à la place du T.R.9D ou du T.R.1133	Certains Mk.IA et IB
Accessoires fixes pour installer un récepteur R1147	Tous les Mk.IA et IB
Équipements démontables pour le récepteur R1147	Certains Mk.IA et IB
Accessoires fixes pour installer des réservoirs largables de carburant de 45 gallons *(205 litres)* pour les vols à grande distance	Tous les Mk.IA et IB
Équipements démontables pour installer des réservoirs largables de 45 gallons *(205 litres)*	Certains Mk.IA et IB
Accessoires fixes pour installer une crosse d'appontage	Tous les Mk.IB
Équipements démontables pour la crosse d'appontage	Certains Mk.IB
Indicateur de position de la crosse d'appontage	Certains Mk.IB

---

[12] Cet addendum d'une vingtaine de pages ne faisait pas partie des Notes à l'intention des Pilotes mais était inclus dans le manuel de maintenance (A.P. 1564A, Volume I). Il a paru intéressant d'incorporer ici les généralités, en laissant de côté les instructions détaillées de montage et de maintenance. Le lecteur ne doit donc pas s'étonner si la numérotation des paragraphes de cet addendum apparait incomplète.
La version Mk IA était catapultable d'un navire marchand, la version Mk IB était modifiée pour travailler à partir d'un porte-avions.

2. La version Mk.IB diffère de la version Mk.IA par la présence d'équipements fixes pour la crosse d'appontage, la crosse étant installée lorsqu'elle est nécessaire. Quand la crosse d'appontage est installée, l'avion doit être équipé d'une hélice Rotol.

Équipement pour le catapultage [13]

3. <u>Pattes de fixation sur la catapulte</u> : Les deux pattes de fixation avant sont montées sur la face postérieure du longeron arrière de la section centrale et dépassent à travers le carénage d'intrados. Les deux pattes de fixation arrière sont montées à l'extrémité d'un tube en croix supporté à partir des joints O1. [14]

4. <u>Points de fixation pour l'élingage</u> : Pour permettre de soulever l'avion sur la catapulte avec une élingue à quatre brins, deux manilles sont attachées sur l'axe d'articulation supérieur du joint du longeron avant, et deux anneaux de levage sont prévus sur l'axe d'articulation supérieur du joint du longeron arrière.

5. <u>Points de fixation pour les cordages de saisie</u> : Afin de permettre l'arrimage de l'avion sur la catapulte, quatre anneaux spéciaux de fixation sont vissés dans l'intrados de chaque aile. Les trous pour les prises des poignées de levage à la racine et à l'extrémité de chacune des ailes extérieures sont utilisés pour ceci. Pour permettre la saisie de l'empennage par des cordages, une barre est insérée dans le tube au niveau du joint Q. Cette barre doit être enlevée avant le vol. L'avion peut également être saisi par des cordages à partir des pattes avant de fixation pour le catapultage.

6. <u>Cales de blocage pour les gouvernes de commande</u> : Pour éviter l'endommagement des gouvernes de commande lorsque l'avion est monté sur la catapulte, des cales de blocage doivent être montées sur les ailerons, les gouvernes de profondeur et de direction de façon à ce que ces gouvernes soient bloquées sur leur position neutre.

---

[13] Dans le contexte de l'époque, le terme "décollage par catapultage" couvre le lancement à partir d'une structure dédiée, une catapulte disposant d'un chariot qui se déplace sur des rails et sur lequel l'avion est posé. Ce chariot était généralement propulsé pneumatiquement ou par une charge pyrotechnique, ou même des fusées dans le cas des catapultes de type "P" des navires Catapult Armed Merchant ("CAM ships"). Le terme "décollage accéléré" ou "décollage assisté" était utilisé pour le catapultage à partir d'un pont et couvre à la fois l'accélération fournie à l'avion par :
- Un sabot propulsé le long du pont, généralement par un volant d'inertie avant l'adoption après la guerre de la détente de la vapeur ;
- Des fusées d'appoint fixées sur l'avion ("RATO", abrégé pour "Rocket Assisted Take-Off").

[14] Chaque joint de la structure tubulaire du Hurricane a reçu une lettre-code, et chaque tube est donc repéré par les lettres des deux joints qu'il relie : par exemple le tube CF1 relie le joint "C" au joint "F1". Tous ces repères sont indiqués dans le manuel de maintenance A.P.1564A, Volume I, Section 6, chapitre 1, figure 2.

7. <u>Appui-tête réglable</u> : Un appui-tête est monté sur la plaque de blindage à l'arrière du poste de pilotage pour supporter la tête du Pilote durant le lancement par catapultage. Un réglage peut être fait après que l'écrou au sommet de l'appui tête ait été desserré. Il est essentiel que la tête du Pilote soit en contact avec cet appui-tête lorsque l'avion est lancé par catapultage.

Crosse d'appontage

8. La structure en "V" de la crosse d'appontage pivote au niveau du joint M1. Le câble de descente est relié au levier de commande monté sur le tube structurel référencé "CF1" du côté gauche du poste de pilotage. La crosse d'appontage est du type 7.000 livres *(3.175 kg)*. Un voyant témoin, au-dessus de la carte de déviation du compas, [15] s'allume en vert lorsque la crosse d'appontage est en position abaissée (<u>se reporter au</u> paragraphe 11).

9. <u>Amortisseur de la crosse d'appontage</u> : Pour éviter un choc à la fin de la descente de la crosse d'appontage et pour éviter son rebond lorsqu'elle touche le pont, un amortisseur est installé. La partie basse de cet amortisseur contient un piston avec une vanne à ressort qui limite le passage de l'huile d'un côté à l'autre du piston. La partie haute de l'amortisseur contient trois anneaux de caoutchouc qui supportent le poids de la crosse d'appontage lorsqu'elle est descendue.

10. *Paragraphe non inclus ici (voir la Note de bas de page au début de l'Addendum).*

11. <u>Voyant indicateur de la crosse d'appontage</u> : Le contacteur qui allume ce voyant est activé quand la crosse d'appontage a parcouru environ un tiers de sa course vers le bas.

Installations radio

12. <u>Généralités</u> : Les postes radio T.R.9D ou T.R.1133 tels qu'installés sur les Hurricane normaux sont également montés sur les Sea Hurricane, mais le T.R.1304 peut-être monté comme alternative. En plus de ces postes radio, le R.1147 est installé sur certains Sea Hurricane. [16]

13 et 14. Paragraphes non inclus ici.

---

[15] La carte de déviation du compas permet de noter la différence entre le vrai Nord magnétique et celui qui est affiché par le compas, qui est influencé non seulement par le champ magnétique terrestre mais aussi par la structure de l'aéronef, la proximité d'objets métalliques, de champs magnétiques ou d'équipements électriques.

[16] Le R.1147 était un récepteur VHF utilisé sur les avions de la Fleet Air Arm (Aéronavale britannique). Pour les autres postes radio, de reporter aux notes de bas de page de la Section 1.

Réservoirs de carburant largables

15. <u>Généralités</u> : Certains Sea Hurricane peuvent être équipés de réservoirs de carburant largables de 45 gallons *[Impériaux]* *(205 litres)*. Ces réservoirs sont montés, un sous chaque aile, et peuvent être largués si le Pilote le décide. Le carburant est poussé vers la pompe entraînée par le moteur par la pression de l'air comprimé issu du refoulement de la pompe à vide. Il n'y a pas de jauge pour ces réservoirs.

16 et 17. Paragraphes non inclus ici.

18. <u>Commande du robinet de carburant</u> : Le robinet trois-voies du système des réservoirs largables est opéré à distance à partir d'un boîtier de commande pour le carburant et pour le largage. Ce boîtier est monté du côté droit sur le tube structurel référencé "CF", juste en dessous des commandes de largage des fusées et de la pompe de dégivrage du pare-brise, qui ont été repositionnées pour permettre l'installation de ce boîtier de commande. La commande du robinet de carburant est composée d'un boîtier de commande Teleflex [17] et est opérée par un volant.

19. <u>Levier de largage *[des réservoirs supplémentaires]*</u> : Le levier de largage est monté dans une fente sur le côté du boîtier de commande pour le carburant et pour le largage (se reporter au paragraphe 18). Quand le volant de la commande du robinet de carburant est sur l'une des positions de fonctionnement (ON), la fente du levier de largage (vers la position JETTISON) [18] est obstruée par un verrou à ressort ; mais quand le volant de commande de carburant est sur la position fermée (OFF) la fente est libérée. Si les réservoirs largables ne sont pas montés, le levier de largage doit être verrouillé sur la position JETTISON.

---

[17] Teleflex : câble de commande flexible, identique dans le principe à un câble de frein d'un vélo.

[18] Pour correspondre aux Illustrations, le texte n'a pas été traduit ci-dessus : JETTISON = largage.

SECTION I
COMMANDES ET ÉQUIPEMENTS

TABLE DES MATIÈRES

SECTION I
COMMANDES ET ÉQUIPEMENTS

1. <u>Introduction</u> : Cette Section décrit la disposition des commandes et des équipements importants et, lorsque nécessaire, des notes explicatives sur la fonction et l'opération de chaque équipement particulier sont données. Les commandes et les équipements dans le poste de pilotage sont illustrés et numérotés dans les Figures 1 à 4 et la référence aux articles est accompagnée dans le texte du même numéro entre parenthèses que celui de la légende des illustrations.

COMMANDES ET ÉQUIPEMENTS DE L'AVION

2. <u>Commandes des ailerons et des gouvernes de profondeur et de direction</u> : La partie supérieure du manche à balai (46), portant une poignée à deux mains, pivote sur le côté par rapport à la portion inférieure pour commander les ailerons. Les gouvernes de profondeur sont commandées par un mouvement de basculement avant-arrière de l'ensemble du manche à balai autour de son extrémité basse. La gouverne de direction est commandée par la barre du palonnier (61) qui pivote sur un axe vertical et qui est ajustable en fonction de la taille des jambes du Pilote à l'aide d'une molette en étoile (62).

3. <u>Commande des compensateurs de profondeur</u> : Un volant (50), qui commande les surfaces de compensation, et un indicateur (51) montrant leur position, sont situés à la gauche du siège. La rotation du volant vers l'avant corrige un couple cabreur.

4. <u>Commandes du train d'atterrissage et des volets hypersustentateurs - généralités</u> : Ces commandes sont de deux types, certains avions étant équipés d'un système hydraulique non-automatique et les autres avec un système hydraulique automatique. Dans le cas du système non-automatique, il est nécessaire de sélectionner l'opération souhaitée du train d'atterrissage ou des volets hypersustentateurs au moyen d'une commande puis de manœuvrer une commande séparée pour commencer l'opération. Dans le cas du système automatique, la fonction de cette dernière commande est réalisée automatiquement.

5. <u>Commandes du train d'atterrissage et des volets hypersustentateurs - système non-automatique</u> : Les commandes comprennent un levier de sélection et un levier de commande. Le levier de sélection (66) est situé sur le côté droit du poste de pilotage et se déplace dans une grille *[en H]* avec une position neutre, une position UP et une position DOWN [19] à la fois pour le train d'atterrissage et pour les volets hypersustentateurs ; les positions pour l'opération des volets

---

[19] UP = train (ou volets) rétracté ; DOWN = train (ou volets) abaissé.

hypersustentateurs étant les plus vers l'extérieur. Sur les premiers avions produits, le pommeau du levier doit être tiré vers le haut pour libérer le levier et lui permettre de se déplacer d'une position de fonctionnement, mais le levier peut être déplacé de la position neutre sans d'abord tirer le pommeau. Sur les avions récents, le levier de sélection est doté d'un loquet qui doit être enfoncé au niveau du levier au lieu de tirer le pommeau. Le levier de commande (67), qui est placé à l'extérieur du levier de sélection, doit être abaissé, après que l'opération souhaitée ait été sélectionnée, et maintenu ainsi jusqu'à ce que l'opération soit terminée. Si l'on souhaite abaisser les volets hypersustentateurs partiellement, le levier de commande doit être relâché dès que les volets atteignent la position désirée. Pour éviter la sélection par inadvertance de la position UP du train d'atterrissage alors que l'avion est au sol, un blocage de sécurité (65) est installé. Ce blocage est composé d'un loquet rotatif qui empêche le passage du levier de sélection dans la fente UP du train d'atterrissage de la grille. Le blocage doit être tourné dans le sens des aiguilles d'une montre avant de pouvoir amener le levier de sélection sur la position UP du train d'atterrissage. Quand le levier de sélection est ramené à la position neutre, ou toute autre position, le blocage de sécurité revient automatiquement à sa position de sécurité.

6. Si la pompe entraînée par le moteur ne fonctionne pas, le levier de sélection doit être laissé sur la position requise et le levier de la pompe manuelle (71), qui se trouve du côté droit du poste de pilotage, doit être utilisé jusqu'à ce que l'opération sélectionnée soit terminée. Dans ce cas le levier de commande n'a pas besoin d'être abaissé.

7. Si la pompe manuelle échoue à faire abaisser le train d'atterrissage, le levier de sélection doit être laissé sur la position DOWN du train d'atterrissage et les goupilles à commandes au pied (57) et (64), peintes en rouge et placées à l'extérieur de l'emplacement de chaque repose-talon, doivent être enfoncées avec les pieds. Ceci déverrouille chacun des atterrisseurs et leur permet de tomber sous leur propre poids.

8. <u>Commandes du train d'atterrissage et des volets hypersustentateurs - système automatique</u> : La méthode de fonctionnement de ce système est identique à celle du système non-automatique, sauf qu'il n'y a pas de levier de commande, le mouvement du levier de sélection étant suffisant pour réaliser l'opération requise. Si l'on souhaite abaisser les volets hypersustentateurs partiellement, le levier de sélection doit être ramené à la position neutre dès que les volets atteignent la position désirée.

9. Si la pompe entraînée par le moteur est en panne, entrainant une perte de pression indiquée par le manomètre (69) (qui n'est installé que sur les avions disposant du système automatique) le levier de la pompe manuelle (71) doit être utilisé, avec le levier de sélection sur la position requise, jusqu'à ce que l'opération sélectionnée soit terminée.

10. Si la pompe manuelle échoue à faire abaisser le train d'atterrissage, le levier de sélection doit être laissé sur la position DOWN du train d'atterrissage et un levier, peint en rouge et placé à l'extérieur de l'emplacement du repose-talon de gauche, doit être poussé en avant avec le pied. Ceci déverrouille les atterrisseurs et leur permet de tomber sous leur propre poids.

11. <u>Indicateur visuel de position du train d'atterrissage</u> : Les positions haute et basse des atterrisseurs sont indiquées séparément par des voyants respectivement rouges et verts. L'indicateur (28) est monté sur le côté gauche du tableau de bord et dispose d'un double jeu des voyants. Deux interrupteurs sont placés à la gauche de l'indicateur, celui de gauche (26) est l'interrupteur MARCHE-ARRÊT pour les voyants verts, et celui de droite est un commutateur pour basculer sur le deuxième jeu de voyants. Ce deuxième jeu de voyants est à utiliser si l'on suspecte que l'une des ampoules des voyants normalement en service a grillé. Un variateur (29) pour les voyants est monté au centre de l'indicateur. Quand le train d'atterrissage est relevé, les roues sont visibles par deux fenêtres au bas du poste de pilotage.

12. <u>Alarme sonore du train d'atterrissage</u> : Si les atterrisseurs ne sont pas verrouillés en position basse, dès que la manette des gaz est ouverte de moins d'un tiers le Pilote est immédiatement averti par le son d'un klaxon (98) monté sur le côté gauche du poste de pilotage.

13. <u>Indicateur de position des volets hypersustentateurs</u> : Un indicateur mécanique (68), qui montre le réglage des volets hypersustentateurs, est placé à la droite du siège directement sous le levier de sélection hydraulique. L'aiguille de l'indicateur se déplace le long d'une échelle graduée en degrés de mouvement des volets et marquée UP et DOWN à ses extrémités.

14. <u>Freins des roues</u> : Un levier de commande (45) pour les freins pneumatiques pivote sur la poignée à deux mains et est accessible de la main droite du Pilote, les freins étant opérés différentiellement par le palonnier pour se diriger au sol. Un manomètre triple (47), montrant les pressions dans le cylindre du système pneumatique et sur chaque frein, est placé en avant du pied du manche à balai. Les freins peuvent être bloqués pour le stationnement en engageant un verrou de maintien près de l'axe du levier. De plus, lorsque l'avion est stationné en plein air, sauf pour une courte période par temps calme, le palonnier doit être bloqué en position neutre (<u>se reporter au</u> Paragraphe 52) ou les roues du train d'atterrissage doivent être calées contre un recul (référence A.M.O. A114/38). [20]

---

[20] Ordre du Ministère de l'Air, catégorie "Administrative". Le Ministère avait une production prolifique d'ordres de ce type : 476 en 1938, et 1.205 en 1945 !

COMMANDES DU MOTEUR

15. <u>Manette des gaz et commande du mélange</u> : La manette des gaz (55) et le levier du mélange (54) sont montés sur le longeron supérieur gauche et fonctionnent dans une fente dans la console du poste de pilotage. Le levier du mélange a deux positions seulement RICH et WEAK, [21] l'ajustement de la concentration du mélange en fonction des différentes altitudes étant effectué par un système de régulation automatique sur le moteur. Le bouton au sommet du levier du mélange empiète sur le déplacement vers l'arrière de la manette des gaz afin que lorsque cette dernière est déplacée sur la position CLOSED, elle pousse le levier du mélange sur la position RICH. Afin d'empêcher le mouvement de la manette des gaz et du levier du mélange sous l'effet des vibrations, des serrages par friction (52 et 53) permettent d'en durcir le déplacement. La molette fine serre le levier de mélange, et le bouton à la surface striée serre la manette des gaz.

16. <u>Commande de l'étouffoir du ralenti</u> : [22] L'étouffoir sur le carburateur est déclenché en actionnant la tirette (58) montée au coin à l'extrême gauche du tableau de bord.

17. <u>Commande du robinet de carburant</u> : Sur certains avions, la commande du robinet de carburant (56) a un cran de sûreté à ressort (non visible sur les illustrations) qui empêche de fermer l'approvisionnement en carburant par inadvertance. Le robinet peut seulement être tourné vers la position OFF lorsque le cran de sûreté est tenu enfoncé.

18. <u>Interrupteurs des pompes des réservoirs de convoyage</u> : Si des réservoirs pour les vols à grande distance sont montés, un interrupteur pour chaque pompe est installé sur le côté gauche du poste de pilotage, juste au-dessus du volant de réglage des compensateurs de profondeur. Les pompes refoulent le carburant directement aux réservoirs principaux et, puisque la jauge ne mesure pas la quantité de carburant des réservoirs de convoyage, la méthode suivante doit être employée quand les réservoirs principaux sont remplis à partir des réservoirs de convoyage. Les pompes doivent être mises en route lorsque les réservoirs principaux contiennent 5 gallons *(23 litres)* et stoppées dès que la jauge indique 25 gallons *(114 litres)*. Quand le contenu des réservoirs principaux est de nouveau revenu à 5 gallons *(23 litres)* les pompes doivent être redémarrées jusqu'à ce que les réservoirs principaux contiennent 25 gallons *(114 litres)*, à ce moment les réservoirs de convoyage seront pratiquement vides.

---

[21] RICH = mélange riche ; WEAK = mélange pauvre ; CLOSED = manette des gaz fermée.

[22] L'étouffoir du ralenti permet de couper l'arrivée d'essence du gicleur de ralenti dans le carburateur pour arrêter le moteur : arrêter l'allumage ne suffirait pas puisque le mélange continuerait à être mis à feu lors de la compression par la température élevée des cylindres. Cette commande ferme donc l'orifice du gicleur qui alimente le moteur en carburant même quand la manette des gaz est fermée pour le régime de marche au ralenti.

19. <u>Pompe d'amorçage du carburant</u> : La pompe d'amorçage du carburant (63) est activée par un mouvement "pousser-tirer" du bouton, la quantité de carburant injectée étant estimée en comptant le nombre de coups de pompe. Le bouton doit être revissé après usage dans son logement sur le corps de pompe.

20. <u>Interrupteurs des magnétos</u> : Les interrupteurs (17) des deux magnétos principales sont placés sur la gauche du tableau de bord. L'interrupteur (1) de la bobine de démarrage est monté sur la droite du tableau de bord.

21. <u>Démarrage électrique du moteur</u> : Le bouton-poussoir (18) du démarreur électrique, placé immédiatement à gauche des interrupteurs des magnétos principales, commande le moteur du démarreur, le courant étant fourni par la batterie de l'avion ou par une source externe. Une prise pour l'alimentation externe, placée sur le support droit du moteur, est accessible par un panneau démontable dans le capot du moteur. Un crochet est présent sur la porte pour recevoir la corde de soutien du câble de la source externe et ainsi soulager la prise du poids du câble.

22. <u>Démarrage manuel du moteur</u> : Deux manivelles sont rangées dans la cavité de logement du train d'atterrissage sous la section centrale, une sur chaque cloison. Pour retirer une manivelle, dévissez l'écrou papillon de la barre de rangement et faites pivoter le boulon vers le bas ; puis soulevez le crochet de fixation, désengagez la manivelle et sortez-la par l'avant. Pour démarrer le moteur, les manivelles sont insérées dans des logements, une de chaque côté du panneau du capot moteur le plus en avant, près de l'extrémité inférieure.

23. <u>Commande d'hélice</u> : Le levier de commande (93) est monté du côté gauche du poste de pilotage. Une molette striée (94) permet d'en régler la résistance par serrage. Le levier doit être déplacé en avant pour augmenter la vitesse de rotation du moteur, et en arrière pour la réduire. Dans le cas d'une hélice De Havilland uniquement, quand le levier est complètement en arrière, l'hélice est en position "grand pas positif". [23]

24. <u>Commande du volet du radiateur</u> : Le volet contrôlant le passage de l'air par le radiateur de liquide de refroidissement et d'huile est commandé par un long levier (49) sur le côté gauche du siège. Pour utiliser le levier, il faut le libérer par une pression avec le pouce sur le bouton placé à son sommet. Un indicateur mécanique (48), montrant le réglage du volet du radiateur, est situé sur le tube de la structure juste en avant du volant de réglage des compensateurs de profondeur.

25. <u>Commande de la prise d'air</u> : Sur les avions équipés d'un filtre à air, la température de l'air peut être changée à l'aide d'une commande montée

---

[23] "Grand pas positif" (positive coarse pitch) : l'hélice agit alors comme une hélice à pas fixe. Pour plus d'explications, voir le Pamphlet n°153 du Ministère de l'Air *"Propeller sense"*, mars 1944.

sur le côté gauche juste au-dessus de l'indicateur de position du volet du radiateur. Lorsque le levier de commande est tiré en arrière de l'air froid passe à travers le filtre vers la prise d'air, et quand le volet est abaissé de l'air chaud est amené à la prise d'air, via le filtre. La commande peut être bloquée en position au moyen d'une molette.

26. <u>Commande d'arrêt de la régulation de la pression d'admission</u> : [24] Cette commande est placée sur la gauche du tableau de bord. C'est une tirette peinte en rouge (22) qui doit être tirée pour l'activer et verrouillée par un tour dans le sens des aiguilles d'un montre. Cette commande est prévue pour être employée si la régulation automatique de la pression d'admission tombe en panne en vol ou en cas d'urgence pour couper la régulation automatique de façon à augmenter la pression d'admission.

27. <u>Indicateur du niveau de carburant</u> : Une jauge unique (41) du côté droit du tableau de bord montre de façon sélective le contenu de chacun des trois réservoirs : les deux principaux et celui de réserve. Quand des réservoirs pour les vols à grande distance sont montés, la quantité supplémentaire de carburant emportée n'est pas indiquée par la jauge (<u>se reporter au</u> Paragraphe 18). Un commutateur, comprenant un bras de sélection (39) et un bouton-poussoir (40) est placé au-dessus de la jauge. Pour lire le contenu d'un réservoir, déplacez le bras sélecteur sur la position correspondante et enfoncez ensuite le bouton-poussoir. L'échelle de la jauge a des graduations supérieure et inférieure, la première est à utiliser pour le réservoir de réserve, et la seconde pour l'un ou l'autre des réservoirs principaux.

28. Il faut noter que quand l'avion est au sol, les indications de la jauge sont erronées. Une table de conversion (110), qui donne les véritables valeurs des réservoirs de réserve et principaux lorsque l'empennage est en position basse, est fixée sur le panneau de sortie d'urgence du côté droit du poste de pilotage.

28a. <u>Commande de la vanne de dilution de l'huile</u> : Sur certains avions, pour permettre un démarrage facile malgré les conditions météo les plus froides, une vanne de dilution de l'huile est installée. Cette vanne permet d'injecter de l'essence dans le circuit d'huile quand elle est activée par le bouton-poussoir de commande placé sur la console de gauche. Ce bouton doit être enfoncé avant l'arrêt complet (voir la Section 3, chapitre 1). [25]

---

[24] Cet arrêt de la régulation permet, en cas d'urgence, d'accroitre la pression d'admission au-delà des limites normales, au risque d'user le moteur plus rapidement.

[25] La section 3 ne fait pas partie des Notes à l'Intention des Pilotes, mais est dans le manuel de maintenance (baptisé "Volume I"). L'huile est diluée avec du carburant afin de faciliter le démarrage le jour suivant.

ÉQUIPEMENTS POUR LES OPÉRATIONS

29. <u>Circuit d'oxygène</u> : Un unique cylindre d'oxygène est arrimé sous le siège. Un détendeur standard (23, 24 et 25) est monté sur le côté gauche du tableau de bord et une prise à baïonnette (76) est fixée sur la console le long du longeron gauche pour la fourniture d'oxygène détendu au masque. Sur certains avions, un cylindre supplémentaire est installé derrière le siège.

30. <u>Commandes du poste radio - généralités</u> : Un émetteur-récepteur radio T.R.9B ou D ou T.R.1133B [26] est installé dans le fuselage en arrière de la cloison derrière le siège du poste de pilotage. Le poste radio est mis en marche à partir de l'interrupteur d'alimentation (79) monté sur la console du côté gauche du poste de pilotage. Cet interrupteur doit être ouvert (OFF) à la fin de chaque vol pour éviter de vider la batterie. La commande à distance, qui est rangée dans un support (90) sur la cloison gauche du poste de pilotage au-dessus des manettes des gaz et de mélange, est mécanique dans le cas du T.R.9B ou D, ou électrique dans le cas du T.R.1133B.

    Le boitier déporté du transmetteur radio automatique et l'interrupteur "in - out" du transmetteur radio automatique (73) [27] sont montés juste au-dessus et sur le même tube diagonal de la structure que le volant de réglage des compensateurs de profondeur. Le transmetteur radio automatique peut être déconnecté en plaçant l'interrupteur "in - out" sur OUT. (<u>ATTENTION</u> : Il ne faut pas confondre l'interrupteur "in - out" du transmetteur radio automatique avec l'interrupteur marche-arrêt sur le transmetteur radio automatique : ce dernier interrupteur ne devrait pas être manipulé par le Pilote).

    Quand un poste T.R.1133B est employé, l'interrupteur du générateur (78), monté sur la cloison de droite du poste de pilotage, doit être fermé (ON).

---

[26] Le T.R.9 est une radio à haute fréquence pour les communications à courte portée en radiotéléphonie, en théorie jusqu'à 55 km en air/sol et 8 km en air/air. La version D, réservée aux avions de chasse, était composée de l'émetteur T.1119 et du récepteur R.1120 (un T1102 et un R1103 pour la version B). Elle disposait d'une fréquence pour la radiophonie, et une pour le système de localisation "pip-squeak". Le T.R.1133 est composé de l'émetteur T.1136, du récepteur R.1137 et d'un amplificateur A.1135.

[27] Le système de localisation, surnommé "pip-squeak" dans l'argot des pilotes, a été mis en place car les premiers radars britanniques ne permettaient pas de localiser les avions au-dessus des terres ou à basse altitude. Placé sur quelques avions clés (typiquement les chefs de section), il transmettait automatiquement un signal radio pendant 14 secondes toutes les minutes. Trois stations au sol relevaient la direction du signal et la position de l'avion était ensuite déterminée par triangulation. Le système était composé d'une horloge "maître" dans le fuselage, et d'un boitier déporté accessible au pilote. Quatre avions au plus pouvaient être ainsi localisés avec une seule fréquence. En plaçant l'interrupteur "in-out" sur la position OUT, le pilote coupe les transmissions du "pip-squeak" et donne la priorité aux communications radiophoniques.

L'horloge "maître" du transmetteur radio automatique, installée du côté droit du compartiment radio, est dotée d'un élément chauffant qui doit être éteint après le vol eu utilisant l'interrupteur adjacent à l'horloge.

La prise pour les microphone-écouteurs est située sur le tableau électrique du côté gauche du cockpit.

31. <u>Commande à distance mécanique du poste radio</u> : La commande à distance mécanique a une molette centrale et deux leviers, un qui dépasse vers le haut et l'autre vers le bas. Le levier inférieur, qui commande un commutateur à trois positions sur le poste radio, doit être poussé en avant pour ÉMETTRE, tiré en arrière pour RECEVOIR, et placé en position verticale (OFF) pour éteindre le poste radio. Ce levier peut être verrouillé sur cette position OFF au moyen d'un loquet qui s'engage dans une encoche sur le boitier de la commande. Le levier supérieur active la commande de recherche fine de fréquence et est utilisé durant le vol pour faire seulement de petits ajustements, le réglage principal du récepteur ayant été fait préalablement au sol. La molette centrale sert à régler le volume et doit être tournée dans le sens des aiguilles d'une montre pour l'augmenter.

32. <u>Commande à distance électrique du poste radio</u> : La commande à distance électrique a un nombre de boutons-poussoir, un pour éteindre le poste radio et les autres pour l'allumer et pour sélectionner les canaux de communication prédéterminés. De plus, un commutateur à levier peut être placé sur trois positions, à savoir "recevoir", "activer par la voix" et "transmettre (émission)" marquées respectivement R, VO et T. Lorsque le levier est sur VO, le poste radio est normalement sur "recevoir" mais passe automatiquement sur "transmettre" quand le Pilote parle dans le microphone. Cependant, si la verrière du poste de pilotage est ouverte, le bruit du moteur maintiendra le poste radio sur "transmettre" et dans cette situation il faut placer le levier sur R si on souhaite écouter la radio. Quand les armes de bord sont utilisées, un contacteur opéré par le circuit pneumatique de tir garde le poste radio sur "recevoir" sauf si le levier est déplacé sur T. Un voyant blanc près du commutateur à levier est allumé quand le poste radio est en mode réception et s'éteint quand il est en mode émission. Sur le côté de chaque bouton de sélection des canaux, un voyant vert s'allume quand le poste radio est en opération sur ce canal.

33. <u>Régulateur de charge du générateur</u> : Sur certains avions, un interrupteur du régulateur de charge du générateur et une plaque d'instructions concernant son emploi sont montés sur la cloison au-dessus du tableau électrique. Sur d'autres avions, cet équipement est remplacé par un régulateur automatique de voltage monté derrière la cloison en arrière du siège du poste de pilotage.

34. <u>Commande des feux de navigation</u> : Les feux de navigation sont commandés par un interrupteur (15) qui se trouve au centre d'une série de trois interrupteurs sur la gauche du tableau de bord, à côté des interrupteurs des magnétos principales.

35. <u>Commande des lampes d'identification</u> : Le boitier des lampes d'identification comporte un commutateur (100) pour chaque lampe et un manipulateur morse (101), et permet une illumination régulière ou la signalisation par morse avec chaque lampe ou les deux. Le levier des commutateurs a trois positions : MORSE, OFF et STEADY, [28] dans cet ordre du haut vers le bas. La tension du ressort du manipulateur morse peut être ajustée en tournant le petit anneau (102) au coin supérieur gauche du boitier de signalisation, cet ajustement restant maintenu par un cliquet qui s'engage dans l'une des encoches de l'anneau. Le débattement du manipulateur peut être ajusté en ouvrant le couvercle et en réglant la vis au centre du couvercle après avoir d'abord desserrée le contre-écrou derrière le couvercle (pour permettre d'accéder au contre-écrou, le couvercle est articulé sur des charnières du côté gauche).

36. <u>Commandes des phares d'atterrissage</u> : Un commutateur à deux voies (99) sur la console à l'extrême gauche du tableau de bord permet d'utiliser soit le phare d'atterrissage de droite soit celui de gauche. Les deux phares sont éteints quand le levier du commutateur est vertical. Une commande d'inclinaison à levier (74) est placée sur le côté gauche du poste de pilotage juste derrière les manettes de commande du moteur. Les phares sont inclinés vers le bas en poussant le levier en avant. Ce levier peut être bloqué sur n'importe quelle position en serrant une molette striée (75). Quand cette molette est desserrée, le levier est poussé en arrière sur la position UP par un ressort de rappel monté dans chaque projecteur des phares d'atterrissage.

37. <u>Commande des feux de vol en formation</u> : Des feux de vol en formation sont installés sur certains avions, un de chaque côté du fuselage, de façon à projeter un faisceau lumineux le long des bords de fuite des deux ailes. L'interrupteur marche-arrêt (81) pour ces feux est monté sur la console du côté gauche du poste de pilotage.

38. <u>Commande de largage de fusées sous parachute</u> : La poignée de commande (70) pour larguer la fusée sous parachute est montée du côté droit du poste de pilotage, à l'extérieur et en-dessous du levier de sélection hydraulique. La poignée doit être tirée vers le haut pour libérer la fusée.

39. <u>Commandes de tir des mitrailleuses</u> : Les mitrailleuses sont mises à feu par un circuit pneumatique commandé par un bouton-poussoir (44) monté sur la poignée à deux mains du manche à balai et utilisable avec le pouce de la main gauche. L'approvisionnement en air est assuré par le même cylindre que celui qui fournit l'air pour le freinage, la pression disponible étant indiquée par le manomètre auquel il est fait référence au paragraphe 14. Un manchon usiné, qui entoure le bouton poussoir, peut être tourné jusqu'à une position sur laquelle il empêche l'opération

---

[28] MORSE = Morse, OFF = Éteint, STEADY = Illumination continue.

de la gâchette. Les positions SAFE et FIRE [29] sont gravées sur le manchon et peuvent également être identifiées au touché puisque le haut du manchon porte une encoche qui se trouve en bas quand le manchon est sur la position SAFE et sur le côté quand le manchon est tourné sur la position FIRE.

40. <u>Commandes de la cinémitrailleuse</u> : Une connexion est prévue dans le circuit pneumatique de tir pour brancher un appareil photo G.22A ou B, ou un interrupteur électrique opéré pneumatiquement pour permettre l'installation d'une cinémitrailleuse G.42B. La prise de vue se fait en pressant soit la gâchette de tir (44) soit l'interrupteur (absent des illustrations) monté sur le côté inférieur gauche de la poignée à deux mains. S'il faut opérer les mitrailleuses et l'appareil photo simultanément, la gâchette de tir doit être utilisée, mais l'appareil photo seul peut être mis en marche en pressant l'interrupteur. Un seul cliché est pris avec l'appareil photo G.22 chaque fois que le bouton est enfoncé ; avec la cinémitrailleuse une succession de clichés est réalisée pendant l'entière période durant laquelle le bouton est enfoncé.

41. Avec l'appareil photo G.22 installé, une poignée de chargement, montée sur le longeron supérieur droit, permet de rerégler le diaphragme et d'avancer la pellicule et le compteur de clichés. La poignée doit être tirée à fond vers l'extérieur puis repoussée vers l'intérieur. Le compteur de clichés est monté sur le boîtier de la poignée de chargement.

42. Avec la cinémitrailleuse G.42B, un indicateur d'exposition de la pellicule et un interrupteur de diaphragme sont montés sur le côté gauche du poste de pilotage. L'interrupteur permet de sélectionner l'une des deux ouvertures de l'objectif, la petite ouverture devant être utilisée par temps ensoleillé. Un support de rangement (91) est prévu pour recevoir le câble quand un indicateur et un interrupteur ne sont pas montés. Un interrupteur principal marche-arrêt pour les circuits électriques de la cinémitrailleuse est monté sur le tableau de bord. Cet interrupteur est celui de droite dans une série de trois interrupteurs placés immédiatement à la gauche du panneau des instruments de pilotage sans visibilité.

SIÈGE ET SORTIES

43. <u>Commande du siège</u> : Le siège est réglable en hauteur à l'aide d'un long levier (43) sur le côté droit du siège. Le système de blocage du siège est relâché en pressant un bouton au niveau du pouce au sommet du levier.

44. <u>Commande de relâchement du harnais de sécurité</u> : [30] Un levier de commande (113) est installé sur le longeron droit pour relâcher et

---

29   SAFE = sécurité enclenchée, FIRE = gâchette prête à ouvrir le feu.

30   Le harnais Sutton était standard sur tous les avions de la RAF de construction britannique. Il était composé de deux sangles d'épaules découplées en un double 'Y' et reliées à la fois à un point d'ancrage derrière le bas du siège et par un câble à un point

bloquer les sangles du harnais de sécurité ; le levier doit être déplacé vers le haut pour relâcher les sangles. Pour verrouiller les sangles, le Pilote doit se tenir droit en arrière avant d'opérer le levier.

45. <u>Commande de verrouillage de la verrière du poste de pilotage</u> : La verrière du poste de pilotage coulisse en avant et en arrière et peut être bloquée sur la position complètement ouverte au moyen de levier de commande (77) sur le longeron de gauche juste en arrière des commandes du moteur. La verrière est déverrouillée pour la faire coulisser vers l'avant quand le levier de commande est abaissé, mais elle peut être ouverte même quand le levier est sur la position "verrouillé".

46. <u>Panneau à repousser</u> : Pour permettre au Pilote d'y voir lorsqu'il atterrit avec le pare-brise couvert de givre, un panneau à repousser est incorporé dans l'avant de la verrière à son coin inférieur gauche. Ce panneau est largué en poussant en avant une plaque coulissante sur le côté supérieur du panneau à l'aide d'une poignée à son extrémité avant, puis en poussant le panneau vers l'extérieur dans le courant d'air d'un coup ferme du coude.

47. <u>Sortie de secours</u> : Il y a trois méthodes pour effectuer une sortie d'urgence du poste de pilotage ; la première est de retirer le panneau de sortie d'urgence, la seconde en larguant la verrière du poste de pilotage, et la troisième en utilisant le pied-de-biche fourni.

    (a) <u>Panneau de sortie d'urgence</u> : Un grand panneau détachable sur le côté droit est attaché en bas à la cloison et maintenu en haut par des goupilles à ressort commandées par un levier (108) du côté intérieur du panneau ; le coin au sommet arrière est également maintenu par un verrou opéré par la verrière du poste de pilotage. Pour libérer le panneau, la verrière doit être déplacée à sa position complètement ouverte pour dégager le verrou et le levier doit ensuite être tiré en arrière et vers le haut pour retirer les goupilles.

    (b) <u>Système de largage de la verrière du poste de pilotage</u> : Le levier de commande pour le mécanisme de largage est situé sur le tube structurel gauche référencé "EH". Pour larguer la verrière, tirez fermement sur le levier en direction de l'avant et vers le haut pour casser le fil de plombage qui maintient le levier sur son support : la verrière sera alors emportée du côté droit de l'avion par le courant d'air. Cependant, si la verrière ne se détache pas spontanément, il faudra l'assister en la poussant vers le haut, ou si cela ne fonctionne pas en libérant le panneau de sortie d'urgence, en plus de l'activation du mécanisme de largage.

    <u>NOTE</u> : Lorsque l'on effectue cette opération, il est conseillé de se positionner aussi bas que possible dans le poste de

---

d'amarrage plus en arrière dans le fuselage. La tension du câble était réglable pour donner plus ou moins de liberté au pilote. Les sangles d'épaule se connectaient à deux sangles ventrales.

pilotage, soit en abaissant le siège, soit en adoptant une position recroquevillée, afin d'éviter des blessures qui pourraient être causées lorsque le côté gauche de la verrière traverse l'espace du poste de pilotage au moment de sa séparation du fuselage.

(c) <u>Pied-de-biche</u> : Un pied-de-biche est fourni pour permettre aux Pilotes de s'extraire du poste de pilotage si l'avion s'est écrasé ou est endommagé et que les méthodes décrites auparavant s'avèrent inefficaces. Le pied-de-biche est rangé dans deux clips attachés au tube structurel référencé "EF".

ÉQUIPEMENTS DIVERS

48. <u>Trousse de premiers soins</u> : Cette trousse est attachée au moyen de cordes élastiques à l'intérieur d'un panneau entoilé détachable du côté gauche, en arrière du poste de pilotage. En cas d'urgence le panneau doit être poussé d'un coup vers l'intérieur, en déchirant l'entoilage et en cassant les élastiques. La position de cette trousse de secours est clairement indiquée sur le côté du fuselage.

49. <u>Équipement de navigation</u> : Une boîte métallique (107) pour les cartes, les manuels, etc. est fixée à l'extrémité avant du panneau de sortie sur le côté droit du poste de pilotage. Un rangement entoilé (106) pour un indicateur de cap et d'altitude [31] est fixé sur la face avant de la boîte des cartes. Un autre rangement entoilé (109) pour une règle à calcul de vitesse et d'altitude est monté sur le panneau de sortie, en arrière de la boîte des cartes.

50. <u>Diagramme des systèmes de carburant et d'huile</u> : Un diagramme (111) des systèmes de carburant et d'huile est fixé sur le panneau de sortie sous la table de conversion de la jauge.

51. <u>Système de blocage des commandes de vol</u> : [32] Cet équipement est rangé dans un sac en toile qui est fixé sur un tube structurel du fuselage du côté droit du compartiment radio dans les avions qui sont équipés d'une plaque de blindage arrière, ou dans un casier derrière la tête du Pilote dans les avions qui n'ont pas de plaque de blindage arrière. L'équipement de blocage inclut un étrier articulé qui vient s'attacher au manche à balai, une paire de tubes pour verrouiller le palonnier sur l'étrier, et un tube télescopique d'interférence relié à l'étrier est prévu

---

[31] Pour limiter les risques de collision par mauvaise visibilité, le Ministère de l'Air avait instauré en 1938 un système de "vol directionnel" qui consistait à affecter des tranches d'altitudes pour tous les avions volant vers le même cap magnétique. Une règle à calcul circulaire était utilisée : en affichant le cap désiré sur une fenêtre du disque supérieur, les tranches d'altitude réservées pour cette direction étaient visibles dans une autre fenêtre.

[32] Les gouvernes sont bloquées au sol pour éviter que le vent ne les fasse bouger de façon anarchique. Le système de blocage des commandes de vol est dessiné dans le manuel de maintenance du Hurricane I, A.P.1564A, Volume I, Section 6, Chapitre 5, Figure 6.

pour entrer dans un logement à l'arrière du siège. Pour bloquer les commandes, l'étrier doit être fixé en haut de la partie inférieure du manche à balai avec ses pattes entourant les biellettes de commande des ailerons et en contact avec les écrous à fourche des biellettes : le mouvement de la partie supérieure articulée du manche à balai et donc des ailerons est ainsi empêché. Les tubes de blocage du palonnier, qui sont goupillés sur l'étrier, disposent d'embouts de fixation rapide pour les connecter aux ergots présents sur le palonnier. Le tube d'interférence empêche l'occupation du siège tant que les commandes sont bloquées.

52. <u>Anneaux d'arrimage</u> : Une paire d'anneaux d'arrimage *[pour le piquetage au sol]*, est rangée dans une poche du sac de l'équipement de blocage des commandes de vol. Ils sont prévus pour être fixés par vissage à la surface inférieure des longerons des ailes juste avant les saumons d'aile.

53. <u>Bâche anti-intempéries</u> : Une bâche pour protéger la verrière du poste de pilotage des intempéries est rangée du côté droit du compartiment radio dans les avions qui disposent d'une plaque de blindage arrière ; ou dans un casier derrière la tête du Pilote s'il n'y a pas de plaque de blindage arrière. Deux paires de sangles, attachées à la bâche, se nouent sous le fuselage pour tenir la bâche en position, une paire passant derrière l'aile et l'autre paire devant. Des bâches sont prévues pour les pales de l'hélice, pour le moteur et pour la prise d'air. Elles peuvent être rangées dans le compartiment radio, ou à la place des mitrailleuses quand celles-ci ne sont pas montées.

54. <u>Matériel de survie en milieu désertique</u> : Certains avions disposent d'équipements pour l'environnement désertique qui sont rangés dans le fuselage en arrière du poste radio. Un plateau, monté entre les tubes structurels des côtés gauche et droit, permet le stockage des équipements suivants : des rations pour le vol et d'urgence ; [33] un réservoir d'eau potable et une gourde ; un tournevis, une clé à molette, une paire de pinces ; cinq bandes de signalisation ; et un miroir. Un pistolet lance-fusées est arrimé sur le tube structurel du fuselage au coin arrière droit du plateau et une boîte de six cartouches est montée au-dessus du pistolet.

---

[33] Les rations de vol se distinguaient des rations d'urgence par leur durée de conservation. Les rations de vol étaient composées en fonction de la mission et de la durée prévue du vol (par exemple barre de chocolat, bonbons et chewing-gums pour les vols de plus de deux heures ; sandwiches et boissons chaudes pour les très longues missions des bombardiers lourds), les rations d'urgence restaient à bord de l'avion en permanence (souvent avec le dinghy pour les avions qui en étaient équipés).

55. <u>Écrans de masquage des échappements contre l'éblouissement</u> : [34] Pour éviter que le Pilote ne soit ébloui par les lueurs des échappements lors d'un vol de nuit, des écrans peuvent être montés sur les côtés gauche et droit du carénage du réservoir *[supérieur]*.

56. <u>Dégivrage du pare-brise</u> : Du fluide de dégivrage peut être envoyé sur le pare-brise au moyen d'une pompe manuelle montée sur le tube structurel droit, à côté de l'indicateur de position des volets hypersustentateurs. La pompe peut être soit du type Ki-gass soit du type Rotax. La pompe Ki-gass a un débit fixe ; la poignée doit être dévissée pour l'utilisation et revissée en place après usage. La pompe Rotax décharge le fluide lors du retour du piston par l'action d'un ressort (ceci se produit lorsque la poignée a été relâchée en activant un loquet qui permet le retour du piston). Le débit peut être réglé au moyen d'une vis moletée. Lorsque la vis est tournée complètement dans le sens inverse des aiguilles d'une montre le contenu de la pompe est refoulé en 40 secondes environ. Lorsque la vis est tournée complètement dans le sens des aiguilles d'une montre ceci prend approximativement 5 minutes.

57. <u>Charges incendiaires de destruction</u> : Un sac pour le rangement de deux charges incendiaires de destruction est attaché du côté droit sur la face avant de la structure de la cloison derrière le siège du Pilote (se reporter à la Section 10, Figure 1). Ces charges incendiaires doivent être utilisées pour assurer la destruction de l'avion par le feu si les circonstances imposent qu'une telle action soit prise. Des instructions pour l'emploi sont présentes sur le boîtier des charges de destruction.

58. <u>Commande du dispositif de lancement de signal pyrotechnique vers le haut</u> : La commande pour activer le dispositif de lancement de signal pyrotechnique est placée sur le tube structurel de gauche référencé "CF". Une traction ferme vers le haut de la poignée met à feu la cartouche et le signal est émis par le dispositif de lancement qui est monté dans le fuselage arrière près du joint référencé "J". Une fois le lancement effectué, la commande reviendra d'elle-même à la position normale. En aucun cas il ne faut la repousser à la position normale car ceci pourrait causer des dommages aux câbles, rendant la commande inopérante.

59. <u>Prise pour les vêtements de vol chauffants</u> : Une prise pour l'alimentation des gants et bottes réchauffés électriquement est rangée dans des clips sur le tableau électrique.

---

[34] Dès le début du Blitz, la RAF s'est trouvée sans chasseur de nuit et a dû adapter des appareils existants (Hurricane, Defiant ou Blenheim) à ces missions nocturnes. Les premiers pilotes à utiliser de nuit le Hurricane ont été gênés par les lueurs des pipes d'échappement, d'où cette modification hâtive.

<u>NOTE</u> : Les Illustrations de cette Section n'ont pas été mises à jour lors de la révision n°26. Il faut donc prendre en considération les points suivants lorsqu'on les consulte :

Un ancien modèle de loquet de sécurité (66) pour le levier de sélection hydraulique (65) est montré, ainsi que deux tirettes (70) de largage de fusées sous parachute au lieu d'une seule. Les références des installations radios devraient mentionner des T.R.9B ou D et T.R.1133B. Le manomètre du circuit hydraulique (69) est prévu uniquement pour le système automatique.

Les équipements suivants ne sont pas montrés : pompe de dégivrage, interrupteur de déclenchement de la cinémitrailleuse et le loquet de sécurité du robinet de carburant.

LÉGENDE DE LA FIGURE 1
Tableau de bord

1. Interrupteur de la bobine de démarrage
2. Thermomètre du radiateur
3. Manomètre du circuit d'huile
4. Thermomètre du circuit d'huile
5. Variomètre
6. Indicateur de virage
7. Horizon artificiel
8. Conservateur de cap
9. Molette d'ajustement pour (8)
10. Altimètre
11. Bouton de remise à zéro pour (10)
12. Badin
13. Montre
14. Interrupteurs de la cinémitrailleuse
15. Interrupteur des feux de navigation
16. Interrupteur du réchauffage de la sonde Pitot
17. Interrupteurs des magnétos principales
18. Bouton-poussoir de démarreur électrique
19. Bouton du chronomètre pour (13)
20. Bouton d'arrêt pour (13)
21. Bouton de réglage et de remontage pour (13)
22. Commande d'arrêt de la régulation automatique de la pression d'admission
23. Vanne de commande du détendeur d'oxygène
24. Débitmètre d'oxygène
25. Manomètre d'oxygène
26. Interrupteur marche-arrêt pour (28)
27. Commutateur de basculement pour (28)
28. Indicateur visuel de position du train d'atterrissage
29. Variateur pour (28)
30. Support pour la carte de correction du compas magnétique
31. Bouton de commande pour (32)
32. Écran pour diminuer l'illumination du viseur à réflexion
33. Protection de tête en cas d'accident
34. Rangement des ampoules de rechange pour le viseur à réflexion
35. Compte-tours du moteur
36. Interrupteur marche arrêt pour le viseur à réflexion
37. Variateur pour le viseur à réflexion
38. Manomètre de la pression d'admission
39. Commutateur de sélection de réservoir pour (41)
40. Bouton-poussoir pour (41)
41. Jauge de carburant
42. Manomètre du circuit de carburant

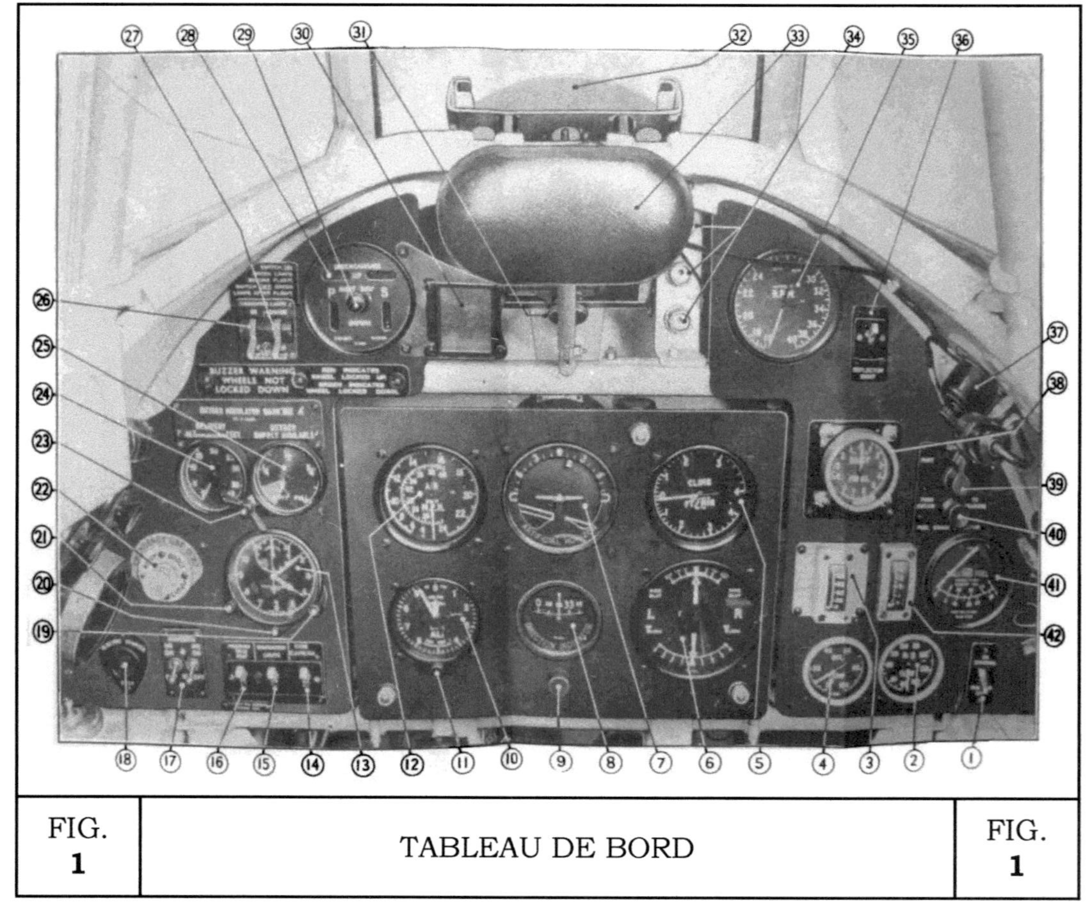

FIG.
1

TABLEAU DE BORD

FIG.
1

LÉGENDE DE LA FIGURE 2

(Partie basse du poste de pilotage)

43. Levier d'ajustement de la hauteur du siège
44. Bouton de tir des mitrailleuses
45. Levier de contrôle des freins
46. Manche à balai
47. Manomètre triple du circuit d'air
48. Indicateur de position du volet du radiateur
49. Levier de contrôle du volet du radiateur
50. Volant de réglage des compensateurs de profondeur
51. Indicateur de position des compensateurs de profondeur
52. Molette de serrage pour (54)
53. Molette de serrage pour (55)
54. Levier de commande du mélange
55. Manette des gaz
56. Commande du robinet de carburant
57. Libération de secours du train d'atterrissage - gauche
58. Commande de l'étouffoir du ralenti
59. Lampes d'éclairage général du poste de pilotage
60. Compas
61. Palonnier
62. Molette en étoile ajustement du palonnier
63. Pompe d'amorçage du carburant
64. Libération de secours du train d'atterrissage - droit
65. Blocage de sécurité pour 66
66. Levier de sélection hydraulique
67. Levier de commande hydraulique
68. Indicateur de position des volets hypersustentateurs
69. Manomètre du circuit hydraulique
70. Tirettes de libération des fusées sous parachute
71. Levier d'activation de la pompe manuelle hydraulique

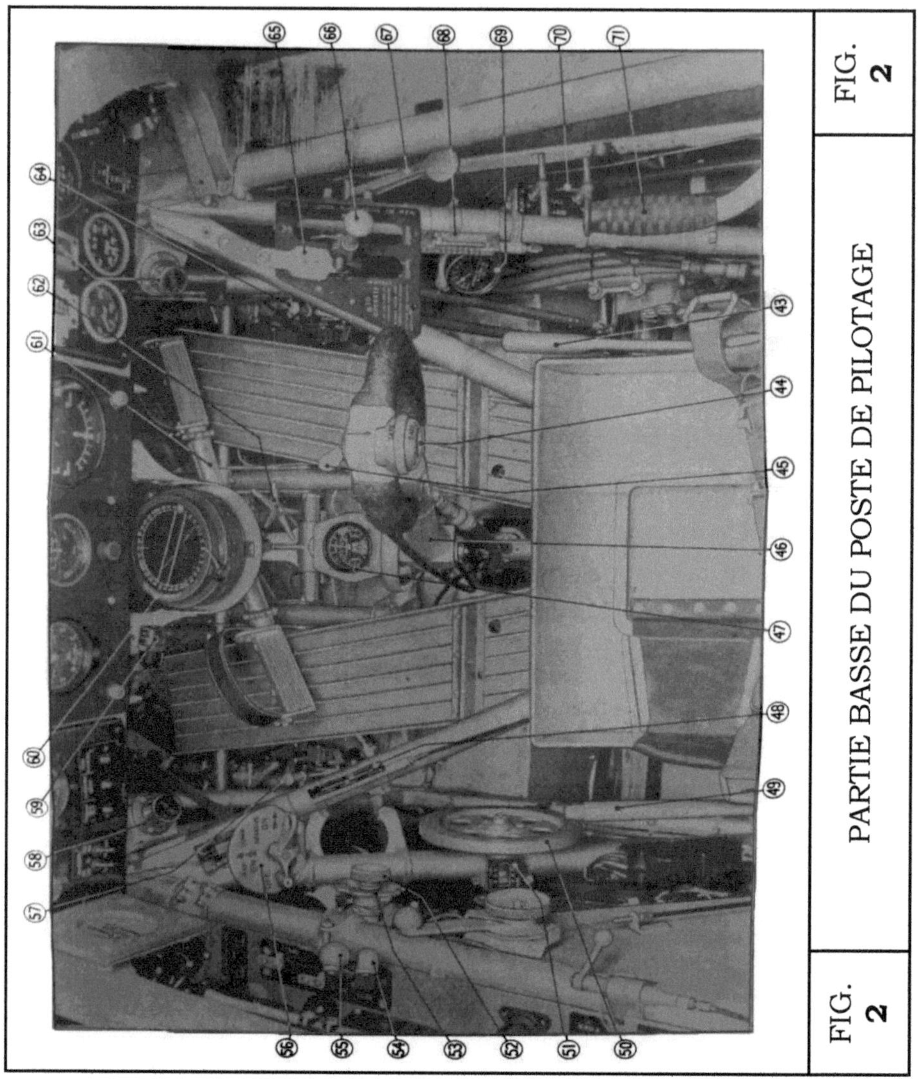

FIG. 2

PARTIE BASSE DU POSTE DE PILOTAGE

FIG. 2

LÉGENDE DE LA FIGURE 3

(Côté gauche du poste de pilotage)

72. Prise pour le câble du transmetteur radio automatique
73. Interrupteur "in-out" du transmetteur radio automatique et support de montage
74. Levier de réglage de l'inclinaison des phares d'atterrissage
75. Molette de serrage pour (74)
76. Prise baïonnette d'oxygène
77. Commande de verrouillage de la verrière du poste de pilotage
78. Interrupteur du générateur
79. Interrupteur d'alimentation du poste radio (pour T.R. 9D ou T.R. 1133)
80. Prise microphone-écouteurs
81. Interrupteur des lampes de vol en formation
82. Ampèremètre
83. Voltmètre
84. Clips de fixation pour le câble de la commande à distance du T.R. 1133
85. Prise pour le câble de la commande du volume du T.R. 9B ou D
86. Lampes d'éclairage général du poste de pilotage
87. Rangement pour le câble de la commande à distance du T.R. 1133
88. Variateur pour (86)
89. Plaque de donnée du moteur
90. Support de la commande à distance pour le poste radio
91. Rangement pour le câble de l'indicateur d'exposition de la cinémitrailleuse
92. Support pour l'indicateur d'exposition de la cinémitrailleuse
93. Levier de commande de l'hélice
94. Molette de serrage pour (93)
95. Lampes d'éclairage général du cockpit
96. Variateur pour (95)
97. Variateur pour (59)
98. Klaxon d'alarme de position du train d'atterrissage
99. Interrupteur des phares d'atterrissage

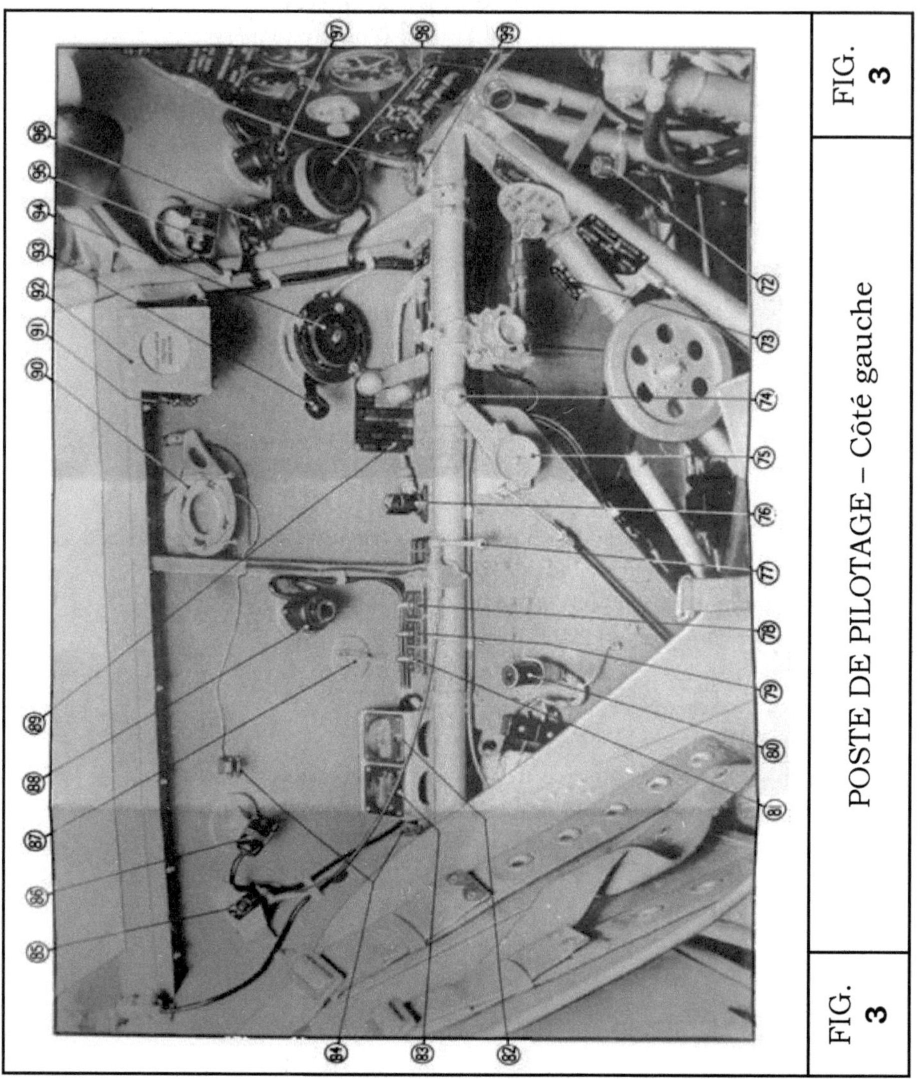

FIG. 3

POSTE DE PILOTAGE – Côté gauche

LÉGENDE DE LA FIGURE 4
(Côté droit du poste de pilotage)

100. Interrupteurs des lampes d'identification
101. Manipulateur Morse pour les lampes d'identification
102. Réglage de la tension du ressort pour (101)
103. Lampes d'éclairage général du poste de pilotage
104. Variateur pour (103)
105. Position de la poignée de chargement pour l'appareil photo G.22A ou B
106. Boîte de rangement de la règle à calcul de cap et d'altitude
107. Boîte de rangement des cartes
108. Levier de commande du panneau de sortie d'URGENCE
109. Boîte de rangement pour la règle à calcul de vitesse et d'altitude
110. Table de conversion des données de la jauge du niveau de carburant
111. Diagramme des circuits d'huile et de carburant
112. Poignée de la verrière du poste de pilotage
113. Commande de verrouillage du harnais de sécurité
114. Porte du casier - montrée ouverte (inaccessible lorsqu'une plaque de blindage arrière est installée)

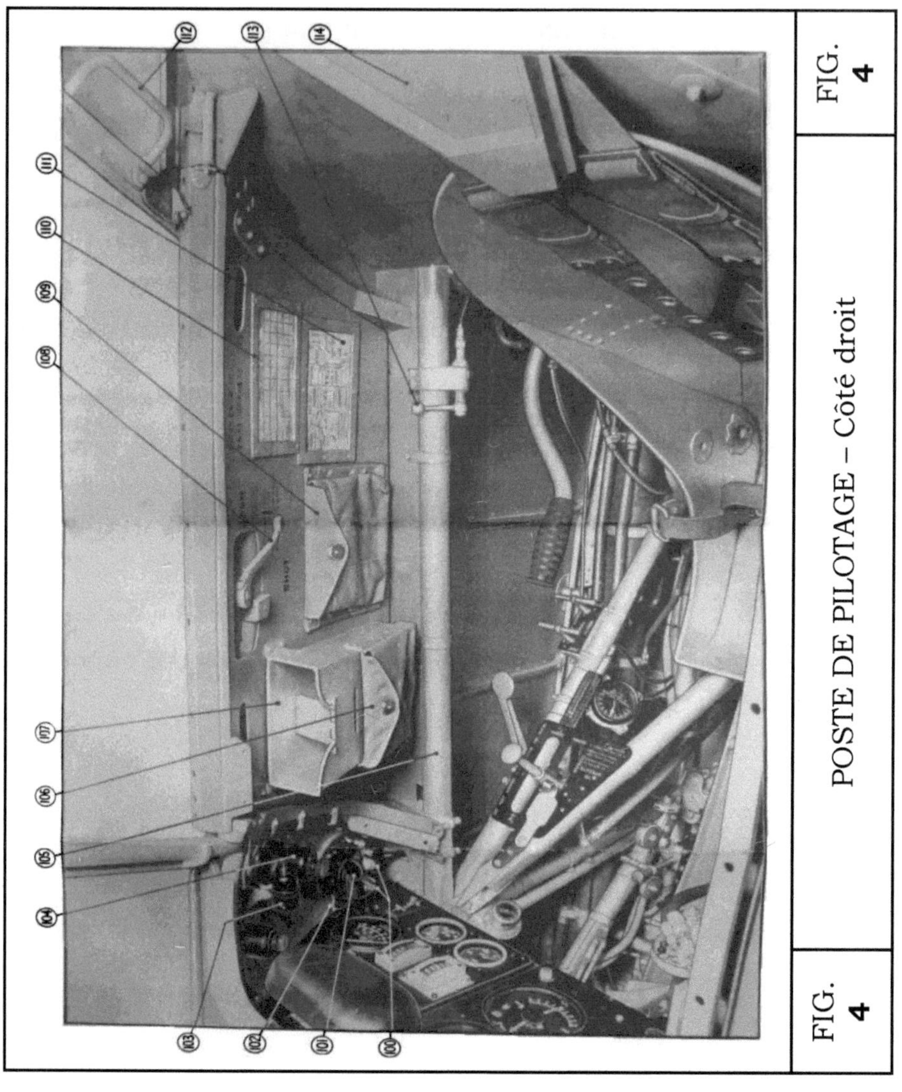
FIG.
4
POSTE DE PILOTAGE – Côté droit
FIG.
4

SECTION 2
NOTES DE MANŒUVRE ET DE PILOTAGE POUR LE PILOTE

TABLE DES MATIÈRES [35]

LISTE DES ILLUSTRATIONS

---

[35] Cette table des matières était manquante dans le document de l'époque et a été ajoutée lors de la traduction.

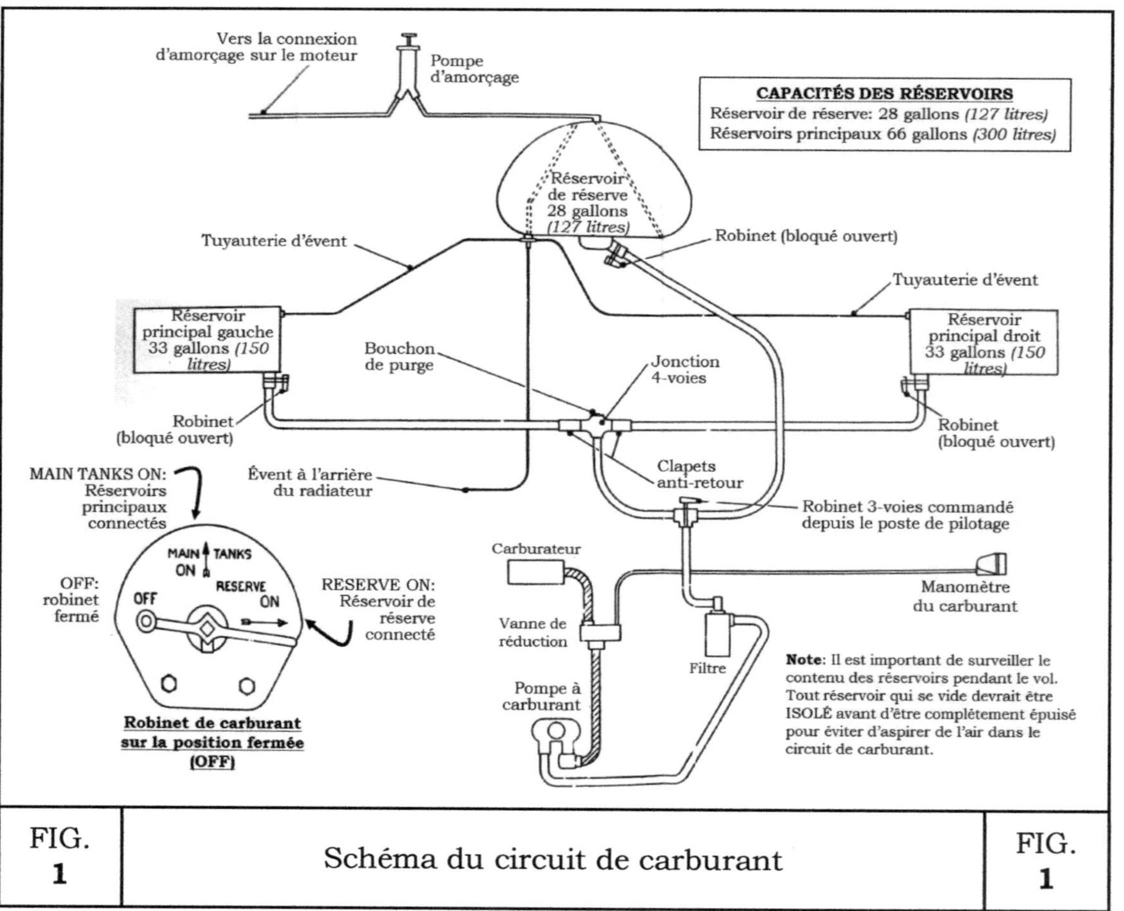

Vers la connexion d'amorçage sur le moteur
Pompe d'amorçage
CAPACITÉS DES RÉSERVOIRS
Réservoir de réserve: 28 gallons (127 litres)
Réservoirs principaux 66 gallons (300 litres)
Réservoir de réserve 28 gallons (127 litres)
Tuyauterie d'évent
Robinet (bloqué ouvert)
Tuyauterie d'évent
Réservoir principal gauche 33 gallons (150 litres)
Bouchon de purge
Jonction 4-voies
Réservoir principal droit 33 gallons (150 litres)
Robinet (bloqué ouvert)
Robinet (bloqué ouvert)
MAIN TANKS ON: Réservoirs principaux connectés
Évent à l'arrière du radiateur
Clapets anti-retour
Robinet 3-voies commandé depuis le poste de pilotage
Carburateur
OFF: robinet fermé
MAIN TANKS ON
RESERVE ON
OFF
RESERVE ON: Réservoir de réserve connecté
Vanne de réduction
Pompe à carburant
Filtre
Manomètre du carburant
Note: Il est important de surveiller le contenu des réservoirs pendant le vol. Tout réservoir qui se vide devrait être ISOLÉ avant d'être complètement épuisé pour éviter d'aspirer de l'air dans le circuit de carburant.
Robinet de carburant sur la position fermée (OFF)
FIG. 1
Schéma du circuit de carburant
FIG. 1

SECTION 2

NOTES DE MANŒUVRE ET DE PILOTAGE POUR LE PILOTE

1. **CARACTÉRISTIQUES DU MOTEUR : MERLIN II (ou III)**

(i) Pour le carburant et l'huile pour les moteur Merlin II et III, voir l'A.P.1464, feuillet C.37.

(ii) <u>Les données indiquées sur la plaque dans le poste de pilotage sont les suivantes</u> :

MOTEUR MERLIN II (ou III) : LIMITES MAXIMALES D'UTILISATION

[RÉGIME]	tr/min	Pression d'admission en lb./sq.in. [36] (bars)	Température maximale de l'arrivée d'huile
DÉCOLLAGE Limité à 3 min.	3.000	+6,25 (0,43)	-
MONTÉE Limité à 30 min.	2.600	+6,25 (0,43)	90°C
CROISIÈRE	2.600	+4½ (0,31)	90°C
URGENCE Limité à 5 min.	3.000	+6,25 (0,43)	95°C

Pression d'huile :
   NORMALE : 60 lb./sq.in. *(4,1 bars)*.
   MINIMALE EN CAS D'URGENCE (5 minutes): 45 lb./sq.in. *(3,1 bars)*.
Température minimale de l'arrivée d'huile pour le décollage : 15°C
Commande du mélange pour le vol économique :
   WEAK automatique avec une pression d'admission de +2,25 lb./sq.in. *(0,155 bar)*.

(iii) <u>Les limitations ci-après doivent également être observées</u> :

Décollage :   Tr/min minima : 2.080
Piqué :   Pression d'admission maximale :
                                  +6,25 lb./sq.in. *(0,43 bars)*
                     Tr/min maxima : 3.600

---

[36] Unité de pression britannique : "livres par pouce carré", laissée ici sous l'abréviation anglaise comme dans les documents traduits à l'époque en français. La valeur convertie en bars a été ajoutée lors de la traduction.

Une vitesse de rotation du moteur de 3.000 tr/min peut être excédée pendant seulement 20 secondes avec la manette des gaz ouverte d'au moins un tiers.

	Tr/min maxima
Dérogations pour le combat : (limité à 30 minutes). Voir le sous-paragraphe (v) ci-dessous.	Sous 20.000 pieds *(6.100 m)* : 2.850
	Au-dessus de 20.000 pieds *(6.100 m)* : 3.000

Températures du liquide de refroidissement :
>Minimale pour le décollage : 60°C
>Maximale continue : 95°C
>Maximum pour 30 minutes : 120°C

(iv) Dérogations lorsque du carburant d'indice d'octane 100 est employé :

	Pression d'admission
Combat : Voir le sous-paragraphe (v) ci-dessous.	Maximale : +12 lb./sq.in. *(0,83 bars)* obtenue en activant le système d'arrêt de la régulation de la pression d'admission.
Croisière sur mélange pauvre	Elle peut être de +2,25 lb./sq.in. *(0,155 bar)* entre 1.800 et 2.600 tr/min.

(v) Note à propos des dérogations pour le combat :

La pression d'admission et les tours/minute maxima cités dans les sous-paragraphes (iii) et (iv) ci-dessus ne doivent être utilisés que si les circonstances de la mission l'imposent. L'utilisation de ces dérogations doit être rapportée après l'atterrissage pour qu'une mention soit rédigée dans le cahier d'entretien du moteur.

(vi) Pression de carburant :
Réservoirs principaux : 2 à 2,5 lb./sq.in. *(138 à 172 mbar)*.
Réservoirs de réserve : 2,5 à 3 lb./sq.in. *(172 à 207 mbar)*.

2. VITESSES ET CONDITIONS LIMITES DE VOL

Vitesses maximales au badin :	m.p.h. [37]	*km/h*
En piqué	390	*628*
Train d'atterrissage sorti	120	*193*
Volets hypersustentateurs sortis	120	*362*

3. PRÉLIMINAIRES

(i) Allumez les voyants de l'indicateur du train d'atterrissage (interrupteur de gauche) : deux voyants verts devraient s'allumer. Testez le commutateur de basculement *[pour vérifier le bon fonctionnement des lampes de rechange]*.

---

[37] Unité de vitesse britannique : "milles terrestres par heure", laissée ici sous l'abréviation anglaise comme dans les documents traduits à l'époque en français. La valeur convertie km/h a été ajoutée lors de la traduction.

(ii) Vérifiez que la partie basse du loquet rotatif de sécurité du sélecteur hydraulique bloque l'accès au logement WHEELS UP de la grille. [38]

(iii) Vérifiez que la verrière est verrouillée en position ouverte.

4. MISE EN ROUTE DU MOTEUR

(i) Réglez les commandes de moteur comme suit :

Manette des gaz	- ½ pouce *(1,3 cm)* ouverte.
Commande de mélange	- Riche.
Commande de vitesse de l'hélice	- Complètement en arrière. [39]
Robinet de carburant	- Sur réservoirs principaux.
Volet du radiateur	- Ouvert.

(ii) Actionnez la pompe d'amorçage pour remplir les tuyauteries d'aspiration et de refoulement. Ceci peut être jugé par une augmentation soudaine de la résistance du piston.

(iii) Mettez sous tension les magnétos principales et celle de démarrage.

(iv) Enfoncez le bouton du démarreur ou commencez le démarrage à l'aide des manivelles et, en même temps, actionnez rapidement la pompe d'amorçage. Le nombre de coups de pompe d'amorçage requis pendant que le moteur est mis en rotation, avant qu'il ne démarre de lui-même, est le suivant :

Température de l'air en °C	+30	+20	+10	0	-10
Carburant normal	3	4	7	13	
Carburant à volatilité élevée				4	8

Le moteur devrait démarrer sans dépasser grandement le nombre de coups de pompe d'amorçage indiqué ci-dessus, ou après pas plus de deux coups de pompe si le moteur est chaud.

(v) La période de rotation du démarreur ne doit pas excéder 20 secondes avec au moins 30 secondes d'attente entre chaque tentative.

(vi) Aux températures inférieures à 0°C il sera probablement nécessaire de continuer à amorcer après que le moteur ait commencé à tourner de lui-même et jusqu'à ce qu'il fonctionne de façon satisfaisante.

(vii) Dès que le moteur tourne de manière régulière, coupez l'alimentation de la magnéto de démarrage et vissez la *[poignée de la]* pompe d'amorçage.

(viii) Si les réservoirs principaux sont moins qu'à moitié pleins, décollez sur le réservoir de réserve, mais n'oubliez pas de basculer sur les réservoirs principaux lorsqu'une altitude de sécurité et atteinte.

---

[38] WHEELS UP = Roues rétractées.

[39] Le terme de "commande de vitesse de l'hélice" est une traduction littérale du texte original : la commande permet de régler un point de consigne pour la vitesse de rotation du moteur, et le régulateur adapte le pas de l'hélice en fonction de cette vitesse et des conditions de vol.

5. **VÉRIFICATION DU MOTEUR ET DES SYSTÈMES**

  (i) Pendant la montée en température, effectuez les contrôles habituels des températures, des pressions et des commandes de vol.

  (ii) La pression des freins doit être d'au moins 100 lb./sq.in. *(6,9 bars)*.

  (iii) Après quelques minutes déplacez la commande de vitesse d'hélice lentement vers l'avant.

  (iv) Après la montée en température, ouvrez la manette des gaz pour donner la pression d'admission maximale sur mélange pauvre et vérifiez le fonctionnement du régulateur de vitesse constante de l'hélice.

  (v) Ouvrez la manette des gaz pour obtenir la pression d'admission maximale sur mélange riche et testez les magnétos à tour de rôle. La chute des tr/min ne doit pas excéder 130.

  (vi) Ouvrez en grand la manette des gaz et vérifiez la pression d'admission, les tr/min et la pression d'huile.

6. **PRÉPARATION FINALE POUR LE DÉCOLLAGE : DÉROULÉ DES ACTIONS VITALES**

Le Déroulé des Actions Vitales est "T.M.P., [40] carburant, volets hypersustentateurs et radiateur".

T = Trimming Tabs = Commandes des compensateurs	Neutre.
M = Mixture = Mélange	Riche.
P = Pitch = Pas d'hélice	Commande de vitesse d'hélice complètement en avant.
Carburant	Robinet sur MAIN TANKS ON. [41] Vérifiez le contenu des réservoirs (voir paragraphe 4.(viii)).
Volets hypersustentateurs	Relevés (si l'on décolle d'un petit aérodrome, les volets doivent être abaissés de 28°, soit deux divisions sur l'indicateur).
Volet du radiateur	Ouvert en grand.

---

[40] Les points essentiels des check-lists étaient présentés sous la forme de raccourcis mnémotechniques que les pilotes devaient apprendre par cœur et qui variaient peu d'un avion à l'autre : par exemple pour le Dakota I, III ou IV : TMPFF ; pour le Halifax II ou V : TPFF.

[41] MAIN TANKS ON = Réservoirs principaux ouverts.

7. **DÉCOLLAGE**

  (i)   Toute tendance à virer peut être contrecarrée par l'utilisation ferme du palonnier.

  (ii) Une fois que le train d'atterrissage a été retracté, ramenez le levier de sélection sur la position neutre.

  (iii) Ne commencez pas à monter avant qu'une vitesse de 140 m.p.h. *(225 km/h)* au badin soit atteinte.

8. **PANNE MOTEUR AU DÉCOLLAGE**

  (i)   Placez le levier de sélection du train d'atterrissage sur la position UP et activez la pompe manuelle si nécessaire.

  (ii) Fermez le robinet de carburant et coupez l'alimentation des magnétos.

  (iii) S'il y a le temps, abaissez les volets hypersustentateurs.

9. **MONTÉE**

  (i)   Si le décollage a été fait sur le réservoir de réserve, basculez sur les réservoirs principaux lorsqu'une altitude de sécurité est atteinte.

  (ii) Montez à 170 m.p.h. au badin *(274 km/h)* jusqu'à 10.000 pieds *(3.050 m)*. Au-delà une réduction de 1 m.p.h. *(1,6 km/h)* pour chaque tranche de 1.000 pieds *(305 m)* doit être faite.

10. **PILOTAGE GÉNÉRAL**

  (i)   Cet avion est stable sur tous les axes.

  (ii) <u>Changements d'assiette</u> :   <u>Tendance</u> :

       Volets hypersustentateurs abaissés : À piquer.

       Train d'atterrissage abaissé : Très légère à piquer.

  (iii) Pour obtenir la plus grande distance franchissable, volez sur mélange PAUVRE à 1.700 tr/min et 150 m.p.h. *(241 km/h)* au badin. Unr distance franchissable à peu près identique sera obtenue à la même vitesse au badin quelle que soit l'altitude.

  (iv) La plus grande durée de vol est obtenue à 120 m.p.h. *(193 km/h)* au badin.

  (v) Pour allonger le vol plané en cas d'atterrissage forcé, la commande de vitesse d'hélice doit être tirée complètement en arrière. Avec les volets hypersustentateurs et le train d'atterrissage relevés, l'angle de vol plané est très plat aux vitesses comprises dans la fourchette 120-140 m.p.h. *(193-225 km/h)* au badin.

11. **PERTE DE VITESSE - DÉCROCHAGE**

  (i)   Lors du décrochage, habituellement une aile se laissera tomber, souvent au-delà de la verticale, que les volets hypersustentateurs soient relevés ou abaissés.

(ii) <u>Vitesses au badin de décrochage</u> :
Volets hypersustentateurs et train d'atterrissage :
         Relevés :   77 m.p.h. *(124 km/h)*
         Abaissés : 63 m.p.h. *(101 km/h)*

12. VRILLE

(i) La vrille est autorisée pour les Pilotes qui ont reçu par écrit une permission de l'Officier Commandant de leur Escadron (ou de l'Instructeur en Chef d'une Unité de Formation Opérationnelle). Les limites suivantes d'altitude doivent être respectées :

- Les vrilles ne doivent pas être initiées en-dessous de 10.000 pieds *(3.050 m)*.
- La sortie de vrille doit être commencée avant d'atteindre 5.000 pieds *(1.525 m)*.

(ii) Une ample vitesse doit être obtenue avant de commencer la ressource qui suit le piqué de sortie de vrille.

13. PIQUÉ

(i) En général, placez l'hélice en régulation aux tours/minute de croisière.

(ii) Si l'on désire fermer la manette des gaz dans un piqué, tirez également la commande de vitesse de l'hélice en arrière. Avec l'hélice à vitesse constante De Havilland 20°, le levier doit être tiré complètement en arrière à la position "grand pas positif", sinon l'hélice risque de se mettre en petit pas et d'y rester, causant une vitesse excessive de rotation du moteur dans le piqué.

(iii) Après la ressource qui suit un piqué, avancez à nouveau la commande de vitesse de l'hélice avant d'ouvrir la manette des gaz.

(iv) Avec cette hélice, le Pilote doit surveiller la vitesse de rotation du moteur durant le piqué de façon à ne pas excéder les limites décrites au paragraphe 1.

(v) Aux tours/minute élevés la manette des gaz doit être ouverte de plus d'un tiers.

14. VOLTIGE

Les acrobaties aériennes avec cet avion sont normales et faciles. À cause de l'efficacité et de la sensibilité des gouvernes de profondeur, il faut prendre soin de ne pas imposer des efforts excessifs à l'avion ou au Pilote et de ne pas provoquer un décrochage à grande vitesse. Beaucoup d'acrobaties aériennes peuvent être faites sans ouvrir en grand la manette des gaz. La vitesse de rotation du moteur (tr/min) de croisière doit être utilisée, car si elle est réduite au-dessous de cette valeur, des détonations pourraient se produire si la manette des gaz est ouverte, pour quelque raison que ce soit, à la pleine pression d'admission.

Les vitesses suivantes sont recommandées pour les acrobaties aériennes :

(i)   Boucle : La vitesse doit être environ 300 m.p.h. *(483 km/h)* au badin mais peut être réduite à 220-250 m.p.h. *(354-402 km/h)* au badin quand le Pilote est pleinement compétent.

(ii) Tonneaux : La vitesse doit être d'au moins 250 m.p.h. *(402 km/h)* au badin. Le nez doit être amené 45° au-dessus de l'horizon au début, le tonneau étant barriqué juste assez pour conserver le moteur en marche sur la manœuvre. [42]

(iii) Immelmann : La vitesse doit être 300 m.p.h. *(482 km/h)* au badin.

(iv) Tonneau en montée : La vitesse doit être d'environ 300 m.p.h. *(482 km/h)* au badin.

(v)   Manœuvres déclenchées : La vitesse doit être d'environ 140 m.p.h. *(225 km/h)* au badin, et la pression d'admission doit être basse. N'exécutez en aucun cas des manœuvres déclenchées sauf à de basses vitesses, et assurez-vous de disposer d'une large marge d'altitude pour la récupération au cas où une vrille accidentelle se produirait.

15. **APPROCHE ET ATTERRISSAGE**

(i)   Réduisez la vitesse à 120 m.p.h. *(193 km/h)* au badin, vérifiez que la verrière du poste de pilotage est ouverte, et exécutez le Déroulé des Actions Vitales "U.M.P. et volets hypersustentateurs".

U = Undercarriage = Train d'atterrissage	ABAISSÉ (Vérifiez l'apparition des voyants verts).
M = Mixture = mélange	RICHE.
P = Pitch = Pas d'hélice	Commande de vitesse d'hélice complètement en avant.
Volets hypersustentateurs	ABAISSÉS.

(ii) Train d'atterrissage : Lors de l'abaissement du train d'atterrissage veillez à désengager le loquet de pouce en poussant le levier de sélection vers l'avant avant d'essayer de le déplacer de la position UP à la position DOWN, sinon le levier risque de rester coincé sur la position UP. Ramenez le levier sur la position neutre dès que le train d'atterrissage est abaissé.

---

[42] Les premiers moteurs Merlin ne sont pas alimentés en situation de g négatifs (facteur de charge négatif par exemple lorsque le manche à balai est poussé en avant) : dans un premier temps, le gicleur ne reçoit plus de carburant qui se retrouve soulevé dans la chambre à flotteur du carburateur : (phénomène de "weak cut-out"). Si l'avion reste trop longtemps dans cette situation, la chambre à flotteur se remplit et le carburant coule librement vers le gicleur, noyant le moteur (phénomène de "rich cut-out"). Ceci oblige les pilotes à manœuvrer pour conserver un facteur de charge positif, par exemple en passant sur le dos avant de plonger en piqué, ou en barriquant les tonneaux.

(iii) <u>Volets hypersustentateurs</u> : Si une vitesse de 120 m.p.h. *(193 km/h)* est dépassée avec les volets complètement abaissés, ils remonteront partiellement sous la pression du flux d'air, et dans le cas d'avions équipés avec le système non-automatique, il est nécessaire d'enfoncer le levier de commande hydraulique pour les abaisser à nouveau.

(iv) <u>Les vitesses correctes d'approche sont</u> :
    Approche au moteur :   environ 85 m.p.h. *(137 km/h)* au badin.
    Approche en vol plané :   "   90 m.p.h. *(145 km/h)* au badin.
    Approche "rampante" : [43]   "   75 m.p.h. *(121 km/h)* au badin.

16. **ATTERRISSAGE MANQUÉ**

(i) Ouvrez la manette des gaz en grand et attendez quelques secondes avant de commencer à monter.

(ii) Rétractez le train d'atterrissage dès que possible.

(iii) Montez à environ 90 m.p.h. *(145 km/h)* au badin.

(iv) Une fois qu'une altitude de sécurité d'au moins 300 pieds *(90 mètres)* est atteinte avec une vitesse d'au moins 120 m.p.h. *(193 km/h)* au badin, remontez les volets hypersustentateurs.

17. **ATTERRISSAGE PAR VENT DE TRAVERS**

L'avion peut être posé au sol par vent de travers mais il n'est pas souhaitable de faire de tels atterrissages si le vent dépasse environ 20 m.p.h. *(32 km/h)* au badin.

18. **APRÈS L'ATTERRISSAGE**

(i) Avant le roulage au sol remontez les volets hypersustentateurs et ouvrez le volet du radiateur.

(ii) Après le roulage au sol, placez la commande de vitesse d'hélice complètement en arrière et ouvrez la manette des gaz suffisamment pour changer le pas de l'hélice au grand pas.

(iii) Laissez le moteur tourner au ralenti pendant quelques secondes, puis tirez l'étouffoir du ralenti et relâchez-le quand le moteur s'arrête, fermez le robinet du carburant et coupez l'alimentation des magnétos.

(iv) Éteignez tous les interrupteurs électriques et vérifiez que la plaque de blocage du sélecteur hydraulique du train d'atterrissage recouvre la position WHEELS UP.

---

[43] Approche baptisée "The Creeper", consistant à arriver à très basse altitude, de très loin, à basse vitesse. Il est curieux que cette méthode d'approche figure encore en 1944 dans les Notes à l'Intention des Pilotes, puisqu'elle était généralement mal vue et n'était pas recommandée (voir par exemple page 47 du manuel de formation *Tee Eem* Volume 2, n° 2 de mai 1942).

19. **PILOTAGE PAR MAUVAIS TEMPS**
Quand la visibilité est extrêmement mauvaise, les volets hypersustentateurs peuvent être abaissés d'environ 40° (à peu près 3 divisions) et la vitesse peut être réduite à environ 100 m.p.h. *(161 km/h)* au badin. Le volet du radiateur doit être ouvert pour maintenir la température à environ 100°C.

20. **CORRECTIONS D'ERREUR DE POSITION**
Les corrections d'erreur de position sont les suivantes (en milles à l'heure au badin) :

À	80	100	120	140	160	180	200	200 à 250
Ajoutez	6	3	0		-	-	-	-
Soustrayez	-	-	0	2	4	6	7	9

Tableau ci-dessus converti en unités métriques (en km/h au badin) :

À	129	161	193	225	257	290	322	322 à 402
Ajoutez	*10*	*4,8*	*0*		*-*	*-*	*-*	*-*
Soustrayez	*-*	*-*	*0*	*3,2*	*6,4*	*10*	*11*	*14*

21. **CAPACITÉS ET CONSOMMATIONS DE CARBURANT ET D'HUILE**

(i) <u>Capacités de carburant</u> :

Deux réservoirs principaux (33 gallons chacun)	66 gallons *(300 litres)*
Réservoir de réserve	28 gallons *(127 litres)*
Capacité totale normale	**94 gallons *(427 litres)***
Deux réservoirs de convoyage (si emportés), 53 gallons chacun *(241 litres)*	86 gallons *(391 litres)*
Capacité totale pour convoyage	**180 gallons *(818 litres)***

(ii) <u>Capacité d'huile</u> :
Capacité utile : 7,5 à 9 gallons *(34 à 41 litres)*.

(iii) <u>Consommation de carburant</u> :

Tr/min max. et pression d'admission max. pour :	**Altitude**		**Consommation approximative**	
	pieds	*m*	gal./hr	*litres/hr*
Montée	12.000	*3.660*	81	*368*
Croisière RICHE	14.500	*4.420*	68	*309*
Croisière PAUVRE	18.500	*5.640*	49	*223*
Croisière la plus économique (1.700 tr/min, 150 m.p.h. *(241 km/h)* au badin)	14.000	*4.270*	25	*114*
"ALL-OUT" (Palier plein gaz)	17.000	*5.180*	89	*405*

22. ÉVACUATION EN PARACHUTE

En cas d'abandon de l'avion par parachute, il est important de réduire la vitesse et ensuite de plonger immédiatement sur le côté. Le Pilote ne doit pas se relever sur le siège ni retarder le saut, sinon il va heurter soit le mât d'antenne soit la dérive de l'avion.

22A. INCENDIE EN VOL

Se reporter à la procédure décrite dans l'Air Publication A.P.2095 *"Notes Générales pour les Pilotes"*. Un incendie peut être provoqué par une fuite importante de liquide de refroidissement entrant en contact avec les collecteurs d'échappement chauds. L'émission de vapeurs blanches des collecteurs d'échappement donne un avertissement et le Pilote doit enclencher la procédure incendie décrite dans l'A.P.2095, sauf que l'extincteur n'a pas besoin d'être activé si le feu n'a pas commencé. Le moteur ne doit pas être redémarré.

23. NOTES POUR LE SEA HURRICANE

(i) <u>Pression d'admission accrue</u> : L'utilisation d'une pression d'admission de +16 lb./sq.in. *(1,1 bar)* est autorisée pour des périodes d'environ 15 minutes aux basses altitudes. Le volet du radiateur doit être laissé ouvert quand la pression d'admission accrue est utilisée et il faut se rappeler que la consommation de carburant sera augmentée d'environ 60%. On pourra laisser les températures du liquide de refroidissement et de l'huile monter jusqu'à respectivement 135°C en sortie et 105°C en entrée dans ces conditions d'urgence.

(ii) <u>Réservoirs de carburant pour les vols à longues distances</u> :

    (a) Deux réservoirs de carburant pour les vols à longues distances, chacun d'une capacité de 44 gallons *(200 litres)*, sont montés sous les ailes, un de chaque côté.

    (b) Ces deux réservoirs sont largables, le levier de largage étant placé à côté de la commande du robinet de carburant sur le côté droit du poste de pilotage.

    (c) La commande du robinet de carburant est marquée OFF, PORT et STARBOARD, [44] et le levier de largage ne peut pas être déplacé tant que la commande du robinet de carburant n'est pas placée sur OFF.

(iii) <u>Utilisation des réservoirs de carburant pour les longues distances</u> :

    (a) Décollez de la façon normale sur les réservoirs principaux.

    (b) À une altitude de sécurité de 1.000 - 2.000 pieds *(300 - 600 m)* passez sur un réservoir largable et fermez le circuit de carburant principal.

    (c) Quand un réservoir largable est vide et que le moteur a des ratés, basculez sur le deuxième réservoir largable et en même temps ouvrez le réservoir de réserve du circuit de carburant principal. Ceci

---

[44] OFF = Robinet fermé ; PORT = Réservoir de gauche utilisé ; STARBOARD = Réservoir de droite utilisé.

permet d'amorcer le système entier à partir du réservoir gravitaire et le moteur repartira. Une fois qu'il tourne de façon régulière, fermez le réservoir de réserve et continuez à utiliser le second réservoir largable.

(d) Quand ce réservoir largable est vide et que le moteur a des ratés, ouvrez les réservoirs principaux. Si le moteur ne repart pas sur les réservoirs principaux, amorcez le système en utilisant le réservoir de réserve comme expliqué ci-dessus.

(iv) <u>Décollage du pont d'un navire</u> : Le Déroulé des Actions Vitales est le même que celui pour un décollage normal mais il faut abaisser les volets hypersustentateurs à la position 28°.

(v) <u>Appontage</u> :

(a) À l'approche du porte-avion avant l'atterrissage, abaissez la crosse d'appontage. Un voyant vert s'allume sur le boîtier de commande d'abaissement de la crosse d'appontage quand celle-ci a complété un tiers de sa descente.

Si possible, l'abaissement des crosses d'appontage doit préférentiellement être réalisé avant la séparation de la formation de vol, car ceci permet aux Pilotes des autres avions d'effectuer une vérification supplémentaire.

(b) Réduisez la vitesse à 95 nœuds [45] *(176 km/h)* au badin et assurez-vous que la verrière du poste de pilotage est verrouillée en position ouverte.

(c) Vérifiez la pression des freins : minimum 100 lb./sq.in. *(6,9 bars)*.

(d) Le Déroulé des Actions Vitales est "U.M.P., crosse d'appontage et volets hypersustentateurs" :

U = Undercarriage = Train d'atterrissage	ABAISSÉ (Vérifiez l'apparition des voyants verts).
M = Mixture = mélange	RICHE.
P = Pitch = Pas d'hélice	Commande de vitesse d'hélice complètement en avant.
Crosse d'appontage	ABAISSÉE (Vérifiez l'apparition du voyant vert).
Volets hypersustentateurs	ABAISSÉS.

(e) Approchez à 65 nœuds *(176 km/h)* au badin.

---

[45] Les appareils de la Fleet Air Arm (Aéronavale britannique) avaient des Badins calibrés en nœuds pour faciliter leur travail quotidien avec des cartes marines et avec la Royal Navy.

(vi) <u>Décollage accéléré</u> :

    (a) Cet avion peut être catapulté ou accéléré. Les limites maximale et minimale de masse sont indiquées dans le diagramme de chargement et de C.G. [46]

    (b) Avant le décollage le Pilote doit s'assurer que la verrière du poste de pilotage est verrouillée en position ouverte et il doit avoir l'arrière de sa tête contre l'appui-tête.

    (c) Le Déroulé des Actions Vitales est : "T.M.P.F.F. et radiateur".

T - Trimming Tabs =	Réglages des compensateurs	Direction : 1/3 à droite. Profondeur : neutre.
M - Mixture Control =	Commande du mélange	RICH.
P - Propeller =	Hélice	Commande de vitesse complètement en avant.
F - Fuel =	Carburant	Réservoirs principaux ouverts (vérifiez le contenu de chaque réservoir).
F - Flaps =	Volets hypersustentateurs	28° vers le bas (deux divisions sur l'indicateur).
Radiateur		Volet ouvert en grand.

    (d) Le manche à balai doit être conservé au centre. L'avion tend à virer vers la gauche lorsqu'il quitte la catapulte, mais le réglage recommandé pour la gouverne de direction compense ceci.

    (e) <u>Limites</u> : Il faut se référer aux procédures de l'Amirauté applicables pour le catapultage ou l'accélération.

(vii) <u>Dilution de l'huile</u> : (voir l'A.P.2095 *"Notes Générales pour les Pilotes"*).

La période de dilution correcte pour le Sea Hurricane est d'une minute.

(viii) <u>Blocage du levier de sélection hydraulique</u> :

Si l'on rencontre des difficultés lors de l'utilisation du levier de sélection du train d'atterrissage et des volets hypersustentateurs, ceci peut être résolu en sélectionnant d'abord l'action opposée de celle qui est souhaitée. Si, par exemple, la sélection de l'abaissement du train d'atterrissage s'avère difficile, il faut déplacer le levier tout d'abord sur la position de relevage du train d'atterrissage, puis l'amener immédiatement sur la position d'abaissement.

---

[46] C.G. = Centre de Gravité. Le diagramme de chargement et de C.G. se trouve généralement dans le manuel de maintenance (Volume I, section 4).

BIBLIOGRAPHIE SOMMAIRE SUR LE HURRICANE ET LE MOTEUR MERLIN

Il y a de nombreux ouvrages consacrés au Hurricane. Quelques exemples sont listés ci-après. Un court commentaire en italique donne quelques impressions de lecture.

BARKER, Ralp. **The Hurricats**. Sphere. 1979. ISBN 978-0722114247.

BINGHAM, Victor F.. **Merlin power : The growl behind air power in World War 2**. Airlife Publishing. 1998. ISBN 978-1853100680.

BLACKAH, Paul et LOWE, Malcolm. **Hawker Hurricane manual : An insight into owning, restoring, servicing and flying Britain's classic World War II Fighter**. Haynes. 2010. ISBN 978-1844259557.

BREFFORT, Dominique. **Le Hurricane de 1935 à 1945**. Histoire & Collections. 2010. ISBN 978-2915239867.

CHACKSFIELD, John. **Sir Sydney Camm : From biplanes & 'Hurricanes' to 'Harriers'**. Oakwood Press. 2010. ISBN 978-0853616986. *Un très bon livre bien détaillé sur la carrière extraordinaire du père du Hurricane.*

DOUGLAS, Calum E.. **The secret horsepower race : Western front fighter engine development**. Mortons Media. 2020. ISBN 978-1911658504. *Ce livre permet de comparer le Merlin avec les moteurs contemporains. Un impressionnant travail de recherche.*

DIBS, John ; HOLMES, Tony et RILEY, Gordon. **Hurricane: Hawker's fighter legend**. Osprey. 2017. ISBN 978-1472822956.

HARLEY-BAILEY, Alec. **The Merlin in perspective : The combat years**. Rolls-Royce Heritage Trust. 1987. ISBN 978-0951171011.

JACOBS, Peter. **Hawker Hurricane**. Crowood Press. 1998. ISBN 978-1861261267.

MACKAY, Ron. **Hawker Hurricane: The RAF's Battle of Britain stalwart**. Schiffer. 2018. ISBN 978-0764355899.

MASON, Francis. **Hawker Aircraft Since 1920**. Putnam Aeronautical. 1991. ISBN 978-0851778396. *Comme tous les livres de la collection Putnam Aeronautical, une excellente référence pour les avions de ce constructeur.*

MCKINSTRY, Leo et MURRAY, John. **Hurricane : Victor of the Battle of Britain**. Hachette. 2011. ISBN 978-1848543416.

PATTERSON, Dan et DICK, Ron. **Hurricane RAF Fighter**. Crowood Press. 2000. ISBN 978-1840370492. *Les lecteurs ne doivent pas s'attendre à trouver beaucoup de texte dans ce petit livret qui a quelques belles photographies du chasseur de Sydney Cam.*

STEWART, Adrian :
- **They flew Hurricanes**. Leo Cooper. 2005. ISBN 978-1844153350.
- **Hurricane: The plane that saved Britain**. Canelo. 2021. ISBN 978-1800325326.

VACHER, Peter. **Hurricane R4118 : The extraordinary story of the discovery and restoration of a great Battle Of Britain survivor**. Grub Street. 2004. ISBN 78-1904943075.

WILSON, Gordon A. A.. **The Merlin : The engine that won the Second World War.** Amberley. 2020. ISBN 978-1398103252.

QUELQUES TITRES DE CETTE SÉRIE

Utilisation principale	Avion
Formation	Tiger Moth II ; Harvard III (AT-6)
Chasseur et **chasseur-bombardier**	Spitfire I Spitfire F.IX, PR.XI & LFXVI Mosquito FII, NF: XII, XIII, XVII & XIX Havoc II (A-20) ; Typhoon IAB Airacobra I (P-39) Mohawk IV (P-36) Tomahawk I & II (P-40) Thunderbolt I & II (P-47) Beaufigther VI, TFX & TFXI Hurricane I et Sea Hurricane I Mustang III & IV (P-51) Meteor III ; Vampire F1
Bombardement	Lancaster I, III, X Halifax II & V Mitchell II (B-25) Fortress GRIIA, GRII & III, BII &III (B-17)
Planeur de combat ou **transport de parachutistes**	Dakota I, III & IV (C-47) ; Hadrian I (CG-4A) ; Hamilcar I ; Horsa I & II
Aéronavale et **surveillance maritime**	Corsair I à IV (F4U, F3A & FG-1) Hellcat I & II (F6F) Swordfish I à IV Martlet II & III (F4F Wildcat) Avenger I, II & III (TBF & TBM) Catalina I, IB, II & IV (PBY) Wellington III & X
Missions secrètes	Lysander III & IIIA